Doué, surdoué, précoce

Sophie Côte

Doué, surdoué, précoce

L'enfant prometteur et l'école

Préface d'Antoine de la Garanderie
Illustrations de Piem

Albin Michel

Collection « Questions de Parents »
dirigée par Mahaut-Mathilde Nobécourt

© Éditions Albin Michel S.A., 2002
22, rue Huyghens, 75014 Paris
www.albin-michel.fr

ISBN : 2-226-13074-8
ISSN : 1275-4390

Préface

Sophie Côte n'apprécierait pas si l'on se contentait d'intellectualiser son livre en se payant le luxe de vouloir l'interpréter. Ce serait commettre l'erreur contre laquelle elle n'a pas cessé de lutter lorsqu'elle l'a écrit. À chaque page, son ambition est que la vérité du vécu soit saisie. N'a-t-elle pas reçu de sa conscience mission de faire connaître ce qui ne l'est pas ou ne l'est qu'insuffisamment ?
Était-elle bien ou mal placée pour s'engager dans cette voie ? Cadre responsable dans l'institution scolaire, prête à en défendre les légitimités, enseignante ouverte aux droits de l'élève, soucieuse de les identifier, Sophie Côte bénéficiait des atouts nécessaires pour mener à bien la tâche qu'elle avait décidé d'entreprendre.
Après la lecture de son livre, on est amené à penser qu'elle ne pouvait pas ne pas l'écrire et qu'il lui fallait s'exprimer comme elle l'a fait. L'exigence de révéler les souffrances des enfants et des adolescents qui ne sont pas compris comme ils devraient l'être est présente dans le mouvement du style et le choix du vocabulaire. Le moyen utilisé pour que le message passe a été de procéder par touches successives qui,

comme des pointes de feu, sont destinées à éveiller et à purifier la conscience des lecteurs.

Les propos tenus ne sont pas superficiels. Les situations décrites atteignent les causes profondes qui sont dévoilées quasi directement. Ce qui est frappant, c'est que chacun des exemples que Sophie Côte a choisi de proposer à ses lecteurs est l'occasion d'en évoquer d'autres qui leur révèlent le sens. Un lecteur peut-il rêver mieux ?

Sophie Côte a une philosophie qu'on ne peut qu'approuver. Une maxime peut la faire entendre : « Il faut se garder d'expliquer ce qu'on n'a pas compris. » On en vit l'application au long de la lecture de son livre. Elle prend soin d'interroger et de s'interroger elle-même sur le sens des situations dont elle est témoin. L'explication n'est valable que si elle émane de la compréhension elle-même. Si, en revanche, elle veut s'imposer dans le sens d'« il n'y a qu'à » ou de « ce n'est que », elle conduit à l'erreur, qui est tragique lorsque c'est l'être humain – surtout s'il est enfant – qui en est la victime.

Ce qui ajoute au tragique, c'est qu'en l'occurrence, il est constitué par une erreur à l'envers : identifier du moins, là où il y a du plus. Nier la qualité, la travestir pour en faire un défaut ! N'y a-t-il pas là de quoi hurler ? *Castigat ridendo mores*. Sophie Côte a aussi compris que l'humour sauve l'avenir et que celui-ci en a bien besoin.

Un crayon de génie le fait vivre, même là où l'on ne pense pas à le trouver.

Antoine de la Garanderie

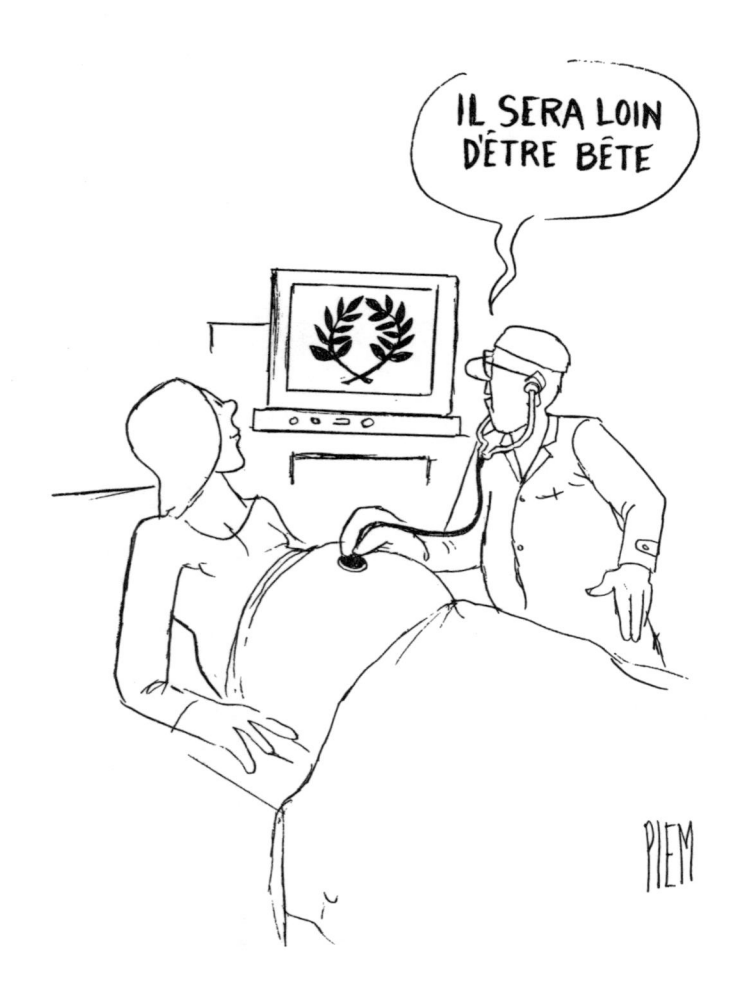

Avant-propos

La réussite de l'enfant précoce

Faute d'aménagements de la scolarité, 33 % des enfants intellectuellement précoces sont en situation d'échec en fin de troisième ; 34 % végètent plus ou moins ; seuls 33 % réussissent brillamment leurs études. Quand on sait qu'il y a statistiquement plus de 440 000 enfants précoces dans le système éducatif de la maternelle à la terminale, on arrive à un total de 145 000 enfants précoces en situation d'échec. Or, parce qu'ils sont doués de curiosité et d'une rapide compréhension, la quasi-totalité d'entre eux devrait réussir. Alors, pourquoi cette déperdition ? À cause d'un rythme trop lent, de l'absence de stimulation, d'émulation, et de l'ennui et du manque de motivation qui s'ensuivent. À cause, aussi, de la trop faible part réservée à l'affectif dans les apprentissages pour ces enfants particulièrement sensibles. Très longtemps, la nécessité d'une pédagogie pour enfants précoces n'a pas été prise en considération. Se méfie-t-on de l'intelligence ? A-t-on peur des filières, de l'élitisme ? Comme si l'enseignement ne pouvait pas être adapté sans tomber dans les excès !
Part-on du principe que ces enfants sont déjà intellectuellement privilégiés et que, par conséquent, ils doivent réussir

naturellement sans qu'il soit besoin de les favoriser davantage ? (C'est le raisonnement de ceux-là mêmes qui disent que les enfants sont tous égaux.)
Mythes et réalités sont bien différents. Le système scolaire, égalitariste, ne leur permet pas de s'épanouir. La réglementation tatillonne les freine et les conduit souvent à l'échec. Malgré tout, l'Éducation nationale commence à s'intéresser à eux et les professeurs sont de plus en plus nombreux à demander des formations sur la précocité. De toute façon, les mentalités ont changé et l'idée que l'enfant précoce est différent semble désormais acceptée.
Si certains travers, tant institutionnels que pédagogiques, sont encore à déplorer, il faut rendre justice à la majeure partie du corps professoral qui s'adapte aux conditions d'enseignement de plus en plus difficiles. Les dérives constatées et dénoncées dans ce livre sur un mode caricatural ne concernent pas la plupart des enseignants, qui exercent leur métier avec conscience.
Contrairement à ce qu'on pourrait croire, l'enfant précoce est souvent malheureux. Il n'est pas toujours compris des adultes. Il est souvent rejeté par ses camarades.
C'est au sein de sa famille que l'enfant précoce trouve le plus souvent aide, réconfort et complément de culture. Toutes les études le montrent : en marge de l'école, la famille a un rôle primordial dans l'épanouissement de l'enfant précoce. S'il a du caractère et si ses parents sont informés et déterminés à le comprendre et à lever les obstacles semés sur sa route, rien ne l'arrêtera sur le chemin de la réussite.

L'entrée à l'école

L'entrée à l'école maternelle est un moment difficile pour tous les enfants, mais plus encore pour l'enfant précoce, du fait de son extrême sensibilité.
Il est habitué à être avec ses parents, en particulier avec sa mère – c'est pour lui la première séparation. Elle est vécue comme un arrachement.
Son père lui a dit : « Tu vas rencontrer des petits camarades, tu joueras avec eux, tu auras une gentille maîtresse qui t'apprendra tant de choses ! » Mais quitter la bulle où il se sait protégé pour aller vers un monde inconnu qu'il suppose hostile, est pour lui une épreuve dont il se passerait bien.
Il a trois ans. Le matin fatidique est venu. Malheureux, il quitte sa mère à la grille de l'école et suit les autres enfants dans la cour, en retenant ses larmes.
Au bout de quelques heures, il se sent mieux et décide que, puisqu'il faut en passer par là, autant essayer de s'accommoder de la situation. D'ailleurs, la curiosité l'emportant sur le chagrin, il commence à poser des questions, beaucoup de questions. Apparemment, on n'est pas trop enclin à lui répondre. Très vite, la maîtresse lui explique que dans une

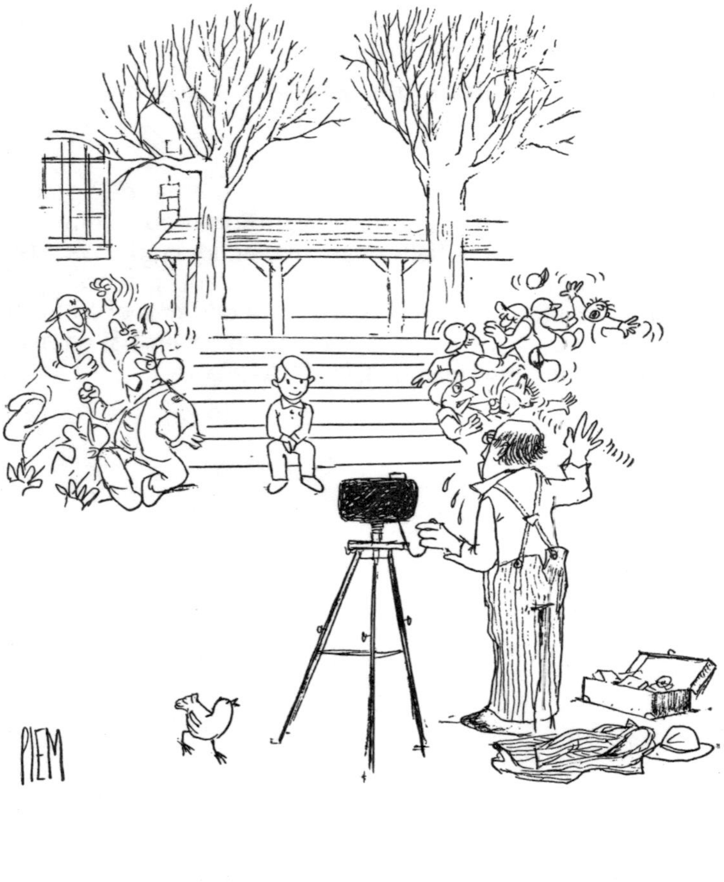
PIEM

classe de trente élèves, tous doivent pouvoir s'exprimer et qu'il doit laisser parler les autres.
Puis vient la récréation. Bizarrement, les enfants ne veulent pas jouer avec lui. Ont-ils déjà senti que la maîtresse réprouvait son comportement et s'alignent-ils sur son attitude ?
À la fin de la journée, il a appris qu'il devait se taire et il entend bien ne plus poser de questions. Il a appris aussi qu'il était différent des autres.
Comme le lui avait promis son père, il a beaucoup appris à l'école.

> Si les enfants sont les aînés et s'ils n'ont pas déjà eu l'habitude de la vie en commun, leur **intégration** risque d'être difficile. La fréquentation des haltes-garderies et des crèches facilite ce premier contact avec l'école. Certains enfants précoces, plus sociables que d'autres, arrivent à se faire des amis et à être acceptés par les adultes. Mais tous, dès leurs premiers pas en maternelle, prennent conscience de leur différence.

La « sociabilisation »

En trois jours, il a fait le tour de la question. Il a découvert que le monde était plein d'embûches. Il n'aime pas l'école. Il essaie en vain de convaincre sa mère de ne pas l'obliger à y retourner. « Un enfant doit aller à l'école pour se "sociabiliser". »
Si bien qu'il va à l'école. D'un naturel plutôt gentil, il cherche à faire plaisir à tout le monde. Résigné, il passe ses récréations seul. Il écoute la maîtresse, brûle d'envie de participer à la classe et pourtant se tient coi. Les journées sont longues mais, le modus vivendi adopté semblant convenir à son entourage, il ne souhaite pas troubler l'ordre ainsi établi. Heureusement, il y a un lapin blanc dans un coin de la salle. Il a le droit de le caresser. Il lui parle et trouve en lui un compagnon qui semble le comprendre ; c'est lui qui le console.
Le soir, à la maison, la soupape de sécurité saute et il se défoule. Il enchaîne les questions (et les bêtises), accapare ses parents, s'agite sans fin, au point que les parents commencent à s'interroger sur la santé morale de leur enfant. Cependant, il se calme immédiatement quand, au coucher, sa mère vient à son chevet lui lire des histoires. Il suit des

yeux les images et bientôt également les textes. C'est ainsi que, sans le savoir, il apprend à lire. Les parents ayant constaté l'accalmie consécutive à la lecture, dès que l'activité débordante de leur enfant envahit l'atmosphère de façon trop intempestive, ils ont recours aux livres. De sorte que, non seulement il sait lire, mais encore, il s'intéresse à tout et est déjà très instruit pour son âge. Il parle avec de plus en plus d'aisance car il intègre le vocabulaire rencontré au fil de ces lectures, ce qui aggrave le décalage entre ses connaissances et ce qui lui est demandé à l'école.

La première année en classe n'en finit pas de s'étirer.

> La **lecture** globale, quand elle est spontanée, est une bonne méthode d'apprentissage pour les enfants précoces, qui saisissent rapidement le sens d'une phrase. Cependant, elle a l'inconvénient, quand la lecture est conduite comme un enseignement, de mettre d'emblée en échec un enfant qui se révélerait être dyslexique. Pour lui, la méthode globale ou semi-globale est tout à fait déconseillée.
> La méthode syllabique a l'avantage de ne pas accentuer les difficultés non encore décelées. Et, à tout prendre, cette méthode n'est pas si mauvaise que cela : elle a fait ses preuves au cours des siècles passés. Que d'enfants doivent leur apprentissage au couple d'instituteurs Boscher !
> La **dyslexie** est un trouble de l'apprentissage du langage écrit et oral qui a pour origine une anomalie cérébrale. Elle n'est pas facile à reconnaître chez les enfants précoces, parce qu'ils « compensent » dans les premiers temps de l'apprentissage. Au prix de gros efforts et d'une certaine lenteur, ils arrivent à surmonter leurs difficultés. Ils sont certes au-dessous des performances auxquelles ils pourraient prétendre compte tenu de leur haut potentiel, mais certains enfants ne commencent à être en échec qu'au CM1, d'autres même seulement au collège. Il est important de détecter le plus tôt possible ce handicap par des tests, la morphologie du cerveau pouvant se modifier sous l'effet de l'apprentissage.
> Parfois les difficultés d'apprentissage de la lecture ont d'autres causes : peur de la nouveauté, peur de l'échec, anxiété, souffrance à la suite d'une situation familiale douloureuse, par

PIEM

> exemple le divorce des parents... Si les difficultés persistent, la consultation d'un psychologue s'impose. Il fera un bilan et pourra identifier la nature du trouble.
> L'acquisition de la lecture est chose naturelle et tout retard dans ce domaine doit alerter les parents. Trouver la cause, soit cérébrale, soit psychologique, permettra de faire le nécessaire pour porter remède à ce problème par une rééducation orthophonique ou une psychothérapie.

Les vacances venues, la belle vie recommence. Il laisse libre cours à son imagination créatrice débordante. Plein d'humour, il a souvent le mot pour rire et réjouit son entourage. Très intuitif, il a une fine perception des situations et des gens et il en joue. Il est un rien manipulateur. Les parents le savent mais s'en amusent.

Son vocabulaire riche, sa syntaxe élaborée lui permettent de verbaliser ses pensées. Ses interrogations sont de plus en plus abstraites et métaphysiques : pourquoi le soleil, pourquoi la mort, pourquoi tant d'espèces animales, pourquoi les hommes se battent-ils, pourquoi, pourquoi ?

Un jour, sa mère l'emmène avec un cousin à la galerie des antiquités égyptiennes du Louvre. Elle s'étonne du peu d'intérêt porté à la visite par son neveu, qui voudrait parcourir très vite l'exposition. Elle remarque qu'il ne peut fixer son attention longtemps. Elle mesure la différence entre son fils et lui.

Il commence à accumuler les livres sur l'Égypte. Et, loin de satisfaire sa curiosité, chaque nouvelle gravure, chaque nouvelle explication de ses parents entraînent pour lui d'autres interrogations.

C'est si bon pour lui de pouvoir parler et obtenir des réponses. Pas toujours, car les parents ne sont pas des encyclopédies vivantes et ne sont pas forcément en mesure de satisfaire une curiosité aussi éclectique. De plus, la patience a ses limites.

Sur les plans sportif et artistique, il se dépense sans compter. Il court vite, nage comme un poisson, joue du piano. Il est heureux et c'est un plaisir de le voir vivre.
Cet enfant prometteur semble briller en tout.

> Longtemps, on a fait de l'enfant précoce le portrait d'un enfant maladroit. En somme, le fort en thème tel qu'on le représentait il y a encore quelques décennies. Certains ont même essayé de prouver qu'il serait myope, asthmatique, gaucher. Lors de la passation de tests collectifs dans un collège, un psychologue arpentait la salle, scrutant les enfants dans l'espoir de vérifier cette théorie. Elle s'est révélée totalement fausse.
> Incontestablement, certains enfants intellectuellement doués sont malhabiles. Tous ne peuvent pas jouer d'un instrument car leurs gestes sont trop imprécis. Tous ne sont pas sportifs. Certains ont même horreur du sport. Mais la valorisation de l'éducation physique dans les établissements scolaires est pour beaucoup dans l'amélioration de l'adresse enfantine et, de ce point de vue, l'enfant précoce n'est pas plus maladroit que les autres, si ce n'est que, lorsqu'il est en avance dans sa scolarité, il doit faire des exercices destinés à des enfants d'un ou deux ans plus âgés que lui.

La « sociabilisation » (suite)

La deuxième année de maternelle est catastrophique. Pendant les vacances, il a rechargé ses accus et, empli d'une énergie nouvelle, il n'est plus en état de se taire. On le dit perturbateur, envahissant. Il est souvent puni. Obscurément, il sent là une injustice. Il a bien remarqué que, lorsque sa mère vient le chercher, elle fait les frais de tous les reproches de la maîtresse accumulés dans la journée. Paradoxalement, il est devenu très sage à la maison. Lorsque sa mère mentionne cette particularité, l'enseignante a une moue dubitative qui ne plaît pas à l'enfant. Se faire gronder ne le gêne pas vraiment, mais que sa mère fasse les frais de sa désobéissance et soit réprimandée est tout à fait inadmissible. S'il pouvait se calmer, il le ferait, mais encore faudrait-il que lui soient données des activités qui l'intéressent.
Les choses se gâtent tout à fait le jour où son institutrice s'aperçoit qu'il sait lire. Il intercepte une conversation avec la directrice qui le trouble : « Ces parents qui cherchent à faire de leurs enfants des chiens savants ! Pourquoi poussent-ils leurs enfants de la sorte ? »
Le jour même, il est convoqué chez la directrice qui lui explique que les enfants ne lisent pas à son âge. Il n'a que

> DANS UN ÉTAT, C'EST-À-DIRE DANS UNE SOCIÉTÉ OÙ IL Y A DES LOIS, LA LIBERTÉ NE PEUT CONSISTER QU'À POUVOIR FAIRE CE QUE L'ON DOIT VOULOIR, ET À N'ÊTRE POINT CONTRAINT DE FAIRE CE QUE L'ON NE DOIT POINT VOULOIR. *

* MONTESQUIEU

quatre ans. On ne doit apprendre à lire qu'à six ans. De plus, ce ne sont pas les parents qui doivent enseigner la lecture. C'est la maîtresse du cours préparatoire qui lui apprendra à lire.

Un paramètre lui manque. Comment, dans deux ans, une maîtresse lui apprendra-t-elle ce qu'il sait déjà ?

Il se sent au cœur d'un conflit entre adultes dont il est la cause. Il est de plus en plus désorienté, sa mère de plus en plus ennuyée.

De facétieux qu'il était jusque-là, il devient agressif. L'intensité de son regard est déstabilisante pour cette enseignante qui n'est plus sûre d'elle.

Un soir, au sortir d'une journée où il a été particulièrement pénible, sa mère s'entend dire : « Votre fils n'est pas normal. Vous devriez voir un psychologue. » L'enseignante veut dire par là, non pas qu'il est « hors normes », mais qu'il est « dérangé ». Sa mère n'est pas loin de le penser aussi.

> Les enfants ne demanderaient pas mieux que d'être intégrés au groupe. Le rejet qu'ils vivent n'est pas de leur fait. Ils n'ont pas choisi d'être différents.
> Certains se réfugient dans le silence, se renferment et s'éteignent. D'autres ne peuvent se résigner et deviennent perturbateurs, ce qui ne fait qu'accentuer leur rejet. Les enseignants passent trop de temps à faire de la discipline et ne les supportent plus. Les parents des autres élèves se plaignent et souhaiteraient leur renvoi du groupe qu'ils empêchent de travailler. C'est une méchante spirale.
> Le repli sur soi ou l'exubérance excessive sont la conséquence du désintérêt pour les tâches répétitives qui leur sont imposées. Pour ceux qui ne tiennent pas en place, ne restent pas assis, se déplacent, font du bruit, les enseignants emploient parfois le terme d'"hyperactif". Les enfants dynamiques, débordant de vitalité, chahuteurs, perturbateurs ne sont pas **hyperactifs** au sens employé par les pédopsychiatres pour des enfants souffrant de troubles comportementaux. Ils perturbent par ennui, mais

dès qu'ils sont intéressés, ils cessent de s'agiter et sont capables d'une grande concentration.

D'autres ne peuvent se contrôler en quelque circonstance que ce soit. Ils souffrent d'un déficit lié à l'immaturité d'une région du cortex cérébral – le cortex préfrontal – qui est impliqué dans les processus attentionnels. Ce déficit ne leur permet pas de soutenir leur attention, de sélectionner l'information pertinente lorsqu'il y a plusieurs causes de distraction (bruit, circulation de gens...). Ils sont agités, ont du mal à organiser leur travail, n'arrivent pas à se concentrer, ne paraissent pas écouter, perdent leurs objets, ne terminent pas ce qu'ils ont entrepris, ont des conduites à risques parce qu'ils n'anticipent pas les conséquences de leurs actes. Ils ne peuvent se conformer aux règles de la vie en société. Leur donner des punitions et des récompenses ne sert qu'à les rendre malheureux : elles n'ont aucun effet sur eux. Ils sont angoissés parce qu'on leur reproche injustement des comportements dont ils ne sont pas maîtres. Ils souffrent souvent de dépressions secondaires. Ceux-là sont des hyperactifs.

Cette hyperactivité, qui ne concerne pas plus de 5 % des enfants, s'atténue **généralement** vers l'âge de 14 ans, au moment de la puberté, quand la maturation du cerveau est accomplie. Mais elle peut auparavant compromettre la scolarité. C'est pourquoi certains médecins prescrivent un traitement de Ritaline® (méthylphénidate), qui a pour effet de les calmer. Apparenté aux amphétamines, ce médicament est prescrit avec précaution. Le docteur Olivier Revol, pédopsychiatre, insiste sur l'importance du diagnostic pour éviter qu'il ne soit administré à un enfant turbulent qui n'en a pas besoin.

La psychologue

Rendez-vous est pris. L'enfant est très inquiet et comprend qu'il va être mis à nu, qu'il va être jaugé. La psychologue interroge la mère, puis l'enfant. Elle paraît surprise de l'aisance avec laquelle il s'exprime. « Il faudrait que je le teste. » La mère acquiesce et se retire pendant l'épreuve. Très réticent au début, l'enfant se détend peu à peu. Le test est amusant et, au fur et à mesure de son déroulement, il se prend au jeu et répond de plus en plus vite et avec de plus en plus de plaisir, d'autant qu'il voit dans l'œil de la psychologue une étincelle qui ressemble d'abord à de l'approbation et bientôt à de l'admiration. Il n'oubliera jamais ce sentiment de réconfort qu'il éprouve parce que, tout à coup, il ne se sent plus coupable. Plus tard, au cours de sa vie, il ne réussira bien qu'avec les gens qui lui feront confiance.
À la fin du test, il est déçu. Il aurait pu continuer durant des heures : c'était passionnant.
Quand sa mère vient le reprendre, la psychologue lui explique qu'il fait partie des enfants dits « précoces ». Son âge réel est 4 ans, mais son âge mental 10 ans. S'il a des problèmes de discipline, c'est parce qu'il s'ennuie en classe. Il a besoin de stimulation et doit être confronté à un travail

requérant de sa part un minimum d'efforts. Le contact avec des enfants plus âgés sera aussi bénéfique. En conclusion, « il faut lui faire sauter des classes ». Elle lui délivre une lettre dans laquelle sont consignés les résultats du test.

À bien y réfléchir, la mère n'est pas outre mesure étonnée du bilan de Q.I. qui vient de lui être communiqué.

Elle avait été frappée par la concentration de l'enfant lorsqu'il était bébé. Il fixait intensément les gens et les choses, et surtout, elle avait remarqué qu'il jouait avec les hochets et mobiles suspendus au-dessus de son berceau sans jamais avoir l'air de se lasser, intéressé à la fois par les formes, les sons et les couleurs. Son esprit semblait constamment en éveil.

C'était l'aîné, et les parents, sans points de comparaison avec d'autres enfants, avaient trouvé normal sa précocité, bien que souvent intrigués par son extrême curiosité et son désir de comprendre.

Il n'avait pas parlé spécialement tôt, mais, du jour où il l'avait fait, il n'avait jamais parlé « bébé », comme s'il avait emmagasiné son vocabulaire, qu'il l'avait laissé décanter et s'en était servi dès qu'il l'avait maîtrisé. (Plus tard, ils devaient comparer avec leur fille qui commença à gazouiller à 8 mois, employait le subjonctif à 18 mois – elle avait dit à une tante : « Il faut que tu me prennes dans tes bras » – et dont la fluidité du langage à 30 mois était exceptionnelle pour son âge.)

En partant, la mère a l'air préoccupé.

Le soir, c'est le conseil de famille. Faut-il parler à la maîtresse ? Comment va-t-elle prendre la chose ? Ne vaut-il pas mieux cacher la vérité ? Après une nuit tourmentée, la décision est prise de franchir le Rubicon. En accompagnant son fils à l'école, sa mère se répète anxieusement les phrases qu'elle aura à dire, elle s'exhorte à la prudence pour aborder le dialogue.

Comme l'explique Michel Duyme, directeur de recherche au CNRS, le **quotien intellectuel** mesure les performances dans

la capacité de raisonner, de prévoir, de résoudre des problèmes, de penser abstraitement...
Les tests de l'échelle de Wechsler (psychologue américain) sont les plus utilisés en France. Il en existe trois sélectionnés en fonction de l'âge. Jusqu'à 6 ans, l'enfant passe un test d'environ une heure appelé WPPSI-R. Il est destiné à mesurer ses performances par des questions portant sur des sujets variés et par des activités ludiques – puzzles, jeux. De 6 à 16 ans, le test WISC III est plus complexe et s'adresse à des enfants en âge scolaire. Il dure environ une heure. À partir de ces tests, on peut établir le quotient intellectuel en comparant les résultats par rapport à ceux des enfants du même groupe d'âge. Au-delà de 16 ans, le WAIS-R est plus long (une heure trente), mais il est fondé sur le même principe.
Les tests, subdivisés en sous-tests, sont de deux types : verbaux et non verbaux. Les premiers vérifient l'aptitude des sujets dans les domaines de l'information, de la compréhension, du vocabulaire, de l'arithmétique et de la similitude ; les seconds s'appuient sur des compléments d'images, des arrangements d'images, des assemblages d'objets, de cubes, et sur l'utilisation de codes. La passation est chronométrée et de ce fait gênante pour certains enfants.
Une courbe en cloche, dite courbe de Gauss, est construite à partir des résultats de l'échantillonnage d'une population testée. 2, 5 % seulement ont plus de 130 de Q.I.
Certains résultats sont plus significatifs que d'autres et le milieu social peut jouer en défaveur de l'enfant dans les tests verbaux. C'est pourquoi certains psychologues considèrent que la précocité commence à 125, voire à 120.

En France, le recours aux tests de Q.I. n'est pas encore entré dans les mœurs. Il est toujours entouré d'une certaine crainte. Le psychologue, le psychanalyste, le psychiatre, tout ce qui est « psy » inquiète.
À cause de cette défiance, les enfants ne sont généralement testés que lorsqu'ils sont en difficulté. Le test sert alors à leur restituer une image valorisante d'eux-mêmes. Mais il peut aussi être recommandé pour des enfants sans problèmes, afin de permettre, s'ils sont précoces, la mise en place de stratégies de réussite scolaire. Le test est également utile pour que des enfants d'intelli-

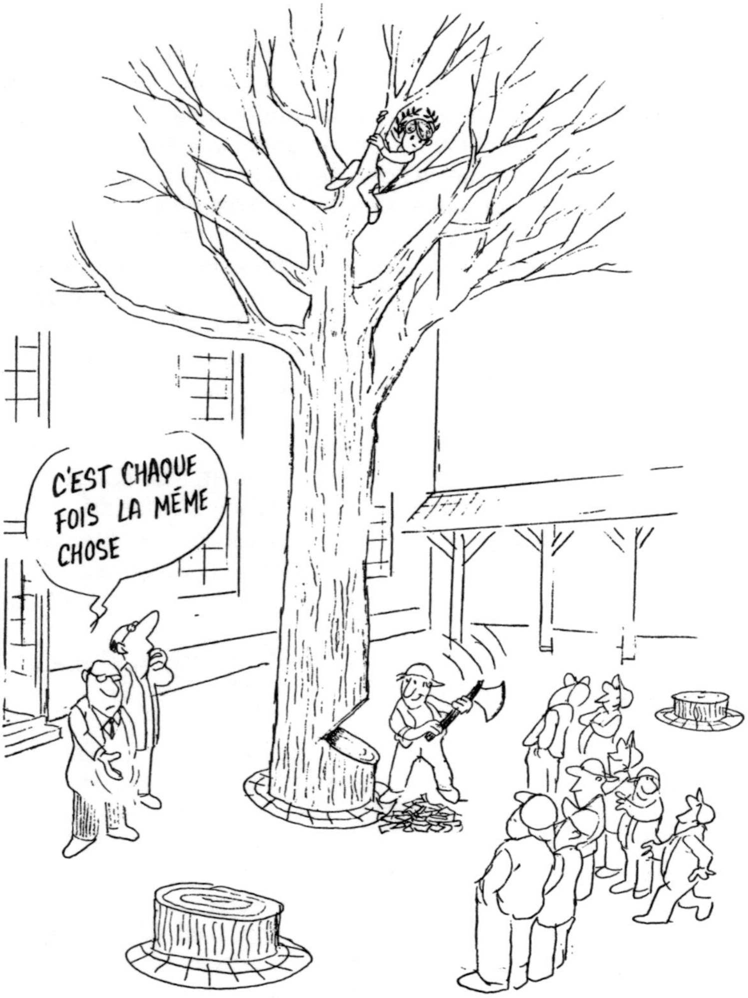
C'EST CHAQUE FOIS LA MÉME CHOSE

gence normale ne soient pas soumis à des exigences au-dessus de leurs forces. Autant il faut abondamment nourrir un enfant précoce, autant il faut se garder de gaver un enfant qui ne l'est pas.

Faut-il **indiquer les chiffres du Q.I. ?** Aux parents, bien sûr. Ils sont venus pour savoir. Les laisser repartir en leur donnant de vagues indications revient à les traiter en personnes irresponsables. À l'enfant ? Les avis des psychologues sont partagés sur ce point. Le chiffre en lui-même n'a pas un grand intérêt et, accroché à sa boutonnière, il risque de poser des problèmes au sein de la fratrie. Cependant, si l'enfant est en échec scolaire, s'il a de lui-même une image négative, s'il n'a plus confiance en lui au point de croire qu'il est idiot, s'il se déprécie totalement et pense qu'il n'y a plus d'avenir pour lui, la découverte de son Q.I. élevé peut provoquer chez lui le déclic salvateur. Dans ce cas, les psychologues sont généralement d'accord pour le lui révéler.
Un test indiquant un Q.I. total de plus de 130 est fiable. S'il est inférieur, voire très inférieur, mieux vaut ne pas faire une fixation sur ce résultat : l'enfant a pu être dans de mauvaises conditions de passation, angoissé, souffrant, inquiet... Le Q.I. a un effet pervers si un crédit excessif est attaché aux conclusions négatives d'un bilan. Il peut renforcer, tant chez les parents que chez l'enfant s'il en a eu connaissance, une image dévalorisante ou même créer cette image pour des enfants qui n'avaient pas de problèmes jusque-là.
De nombreux adultes refusent, pour cette raison, d'être testés : ils ont peur d'être déçus.

Le Q.I. mesure les performances intellectuelles. Depuis quelques années, les Américains s'intéressent au **quotient émotionnel** (Q.E.). L'intelligence émotionnelle relève de l'affectivité. Elle consiste dans la maîtrise de soi : savoir contrôler ses impulsions, se raisonner, rester calme dans l'adversité, résister à l'échec. C'est aussi la capacité de lire les sentiments, ceux des autres comme les siens propres, toutes qualités qui ne sont pas quantifiables.
Pour que les aptitudes se transforment en talent, la réussite nécessite, outre les aptitudes intellectuelles, volonté, persévérance, ténacité, curiosité, créativité et confiance en soi, des valeurs qui dépendent du caractère et de l'éducation et ne peuvent pas être chiffrées.

Le dialogue de sourds

– Madame, sur votre conseil, j'ai conduit mon fils chez la psychologue. Voici le bilan qu'elle a établi. Il a plus de 130 de Q.I. et ne peut s'accommoder d'exercices trop faciles pour lui : il devrait sauter des classes. Peut-on, dès à présent, le mettre en grande section de maternelle ?
La demande, compte tenu du potentiel de l'enfant, est modeste, mais elle déclenche une réaction instantanée. La maîtresse n'en revient pas.
– Mais il n'est pas mûr.
La maturité !
– Qu'entendez-vous par là ?
– Quand il a fini son travail, il joue. Il ne sait pas s'habiller seul, il n'est pas sociable, il n'a pas d'amis. De surcroît, il a un mauvais graphisme.
Sa mère traduira plus tard : Tu dessines mal.
Discours très négatif en somme. Après une analyse pareille, la mère devrait voir son fils sous un autre jour et ne pas insister. Mais non, elle persiste :
– S'il était avec des enfants plus âgés qui partagent ses intérêts, peut-être serait-il plus sage, peut-être trouverait-il des partenaires de jeu ?

– Voyez la directrice.

La mère reprend depuis le début, mais l'échange est maintenant nettement plus corsé.

– Sur le conseil de l'institutrice, j'ai conduit notre enfant chez le psychologue. Voici son bilan. Elle conseille de le mettre en grande section.

– Tous les parents pensent que leur enfant est un petit génie ! réplique-t-elle d'un air pincé.

Elle commence à s'égarer, la directrice. Ne pas perdre son sang-froid.

– Il ne s'agit absolument pas de cela. Simplement, il a un rythme d'apprentissage très rapide, il a une excellente mémoire, une grande curiosité et un vif désir d'apprendre.

– Les parents tiennent tous le même langage. De toute façon, il n'est pas le meilleur de la classe, cela créerait un précédent. Et l'inspectrice de l'Éducation nationale (IEN) s'oppose systématiquement à ce type de demande.

Conclusion : il n'en est pas question. La décision tombe comme un couperet : elle est sans appel.

> La précocité n'est pas le fantasme des parents. Trois caractéristiques reconnues par les scientifiques favorisent les apprentissages de l'enfant précoce : un cerveau à la plasticité élevée, une grande mémoire et un sommeil paradoxal riche en périodes et en durée.
>
> Les tout jeunes enfants ont une faculté d'apprentissage remarquable. Il leur suffit d'écouter, de regarder ou d'expérimenter pour savoir. Les informations reçues s'impriment dans le cerveau comme sur des tablettes d'argile molle. C'est ce que le biologiste allemand Kollman a appelé « néoténie ». Ces facultés s'estompent au fur et à mesure de la maturation du cerveau. Les adultes, pour apprendre, doivent avoir recours à des modes opératoires autres que ceux utilisés par les jeunes enfants.
>
> Les enfants précoces jouissent d'une **étonnante plasticité cérébrale**, c'est-à-dire d'une très grande réceptivité aux influences de l'environnement et conservent longtemps des

caractéristiques juvéniles. Ils fonctionnent encore en mode enfantin quand les enfants de leur âge ont perdu cette grande capacité d'absorption des connaissances en grandissant ; d'où leur avance accentuée par rapport à eux. La différence se creuse dans ces premières années parce qu'ils accumulent de nombreuses informations que les autres ne trouveront que plus tard, alors que leur cerveau ne leur permettra plus de les assimiler aussi facilement.
Il est très important de ne pas les freiner dans leurs jeunes années. Plus les connaissances sont nombreuses, plus les apprentissages sont facilités.

La **mémoire** est le support fonctionnel de tout apprentissage. Il existe deux types de mémoire : la mémoire à court terme est celle par laquelle l'individu retient une information juste le temps de son utilisation, s'il n'estime pas utile de la conserver ; la mémoire à long terme laisse des traces mnésiques et des souvenirs.
La mémoire de travail est celle qui puise dans les informations mémorisées. Elle effectue la synthèse du présent et du passé. Zha Zi Xiu, un chercheur de l'université de Beijing, a démontré que chez les enfants précoces, les deux mémoires sont très au-dessus de la moyenne. Les travaux d'un autre chercheur, De Groot, montrent que la quantité et la rétention d'informations conservées en mémoire à court terme par les enfants dont le Q.I. est supérieur à 130 sont significativement plus importantes que chez les enfants d'intelligence normale. Ces particularités leur confèrent une mémoire de travail puissante en leur permettant des associations rapides et originales.
« L'environnement éducatif, familial et scolaire doit fournir une quantité suffisante d'informations à stocker et à organiser. En l'absence de cet apport, la mémoire ne pourra pas être pleinement efficiente. La mémoire des enfants précoces constitue un avantage considérable pour tous les apprentissages scolaires, mais peut aussi représenter un inconvénient dans la mesure où les événements de la vie retenus sont la base de leur imagination sans limites. » (J.-C. Grubar)

Lors de ses études sur le sommeil, le professeur Michel Jouvet a établi qu'il se décomposait en trois cycles : l'endormissement, le sommeil profond et le **sommeil paradoxal**. Ce dernier, carac-

térisé par les mouvements oculaires, est ainsi dénommé parce que, pendant cette phase, les muscles sont relâchés, le corps complètement détendu, alors que l'activité cérébrale est intense. Les travaux du professeur Grubar ont confirmé le lien entre sommeil paradoxal et intelligence. Or, c'est pendant ce sommeil que sont traitées les informations en provenance de l'environnement stockées le jour.
Les enfants précoces ont des périodes de sommeil paradoxal plus fréquentes et d'une durée plus longue que les autres enfants. Ils ont une capacité organisationnelle élevée. Cette activité intellectuelle nocturne subconsciente vient compléter le travail d'apprentissage diurne. L'enfant s'enrichit en dormant. C'est le meilleur des mondes d'Aldous Huxley. Cet avantage n'est que potentiel : il a besoin d'être sollicité par l'environnement éducatif, familial et scolaire.

Sous les trois aspects de la plasticité du cerveau, de la mémoire et du sommeil paradoxal, le rôle de l'environnement est primordial. La famille a une influence notable et l'école une responsabilité dans l'épanouissement de l'enfant et dans la réalisation de ses aptitudes.

Que faire ?
Le soir, re-conseil de famille. Trois solutions sont envisageables :
   1. le statu quo ;
   2. le dialogue réitéré, intensifié jusqu'à l'épuisement de l'adversaire, à condition de mobiliser toutes ses forces pour ne pas être épuisé avant lui et pour qu'au moins l'an prochain il passe en grande section ;
   3. la déscolarisation.
Les trois solutions présentent des inconvénients, il faut choisir la moins mauvaise.
Choisir le statu quo, c'est abandonner l'enfant à son sort, totalement incompris et sans le soutien de ses parents. Le déscolariser, c'est creuser le fossé entre lui et les autres enfants. Il est déjà marginalisé, il le sera encore plus. Et à

vivre seulement avec des adultes, ne risque-t-il pas de devenir un petit vieux ?

La deuxième solution semble une sorte de compromis, avec tous les risques que la situation comporte. Représailles contre l'enfant ? De ce côté-là, pas de danger. La maîtresse n'est pas une méchante femme. Elle agit en toute bonne foi, croyant qu'il est de l'intérêt de l'enfant de suivre le cours normal de la scolarité.

Les parents auront-ils assez de persévérance pour maintenir un dialogue aussi mal parti ?

Pour leur enfant, ils trouveront la force nécessaire. Ils se relaieront éventuellement.

C'est ainsi que, cette solution ayant été adoptée, son père et sa mère, quand ils viennent à tour de rôle reprendre l'enfant à la sortie, se font de plus en plus pressants auprès de l'enseignante. Chaque fois, ou presque, ils abordent sans acrimonie, mais avec fermeté, la question de la précocité, au point que la maîtresse n'ose plus accompagner les élèves jusqu'à la porte. D'abord exaspérée, elle a maintenant peur de ces gens qui finissent par ébranler ses convictions. Et comme, effectivement, ce n'est pas une méchante femme, elle observe l'enfant d'une façon différente, tout aussi critique, mais moins négative. Elle commence même à se poser des questions.

Quand, vers le mois de mai, les parents demandent au conseil de cycle de statuer sur le cas de leur enfant en vue d'un passage en CP dès la rentrée prochaine, avec à l'appui force arguments dont le principal est qu'il sait lire couramment, elle commence à avoir des doutes et à penser que c'est la meilleure solution pour lui... et pour l'école maternelle. Mais elle seule a fait ce chemin. La directrice ne veut rien entendre.

Le **saut de classe** n'est qu'un palliatif dans un système scolaire manquant de souplesse. Il existe encore en France quelques classes uniques qui sont extrêmement rares et toutes en voie de disparition. Ces classes implantées en zone rurale regroupent une quinzaine d'enfants de tous âges. La maîtresse ou le maître fait faire à chacun ce qu'il est en mesure de faire. Récemment, en Savoie, une petite fille de sept ans et demi avait fini sa scolarité primaire, sans efforts. Elle était la meilleure de la classe. La question d'âge n'avait jamais été prise en considération. Pour elle, réussite scolaire et intégration allaient de pair.
Actuellement, la meilleure formule est la classe à deux niveaux, par exemple CP et CE1. L'enfant précoce inscrit en CP fait les deux cours à la fois et, sans saut de classe, passe en CE2 à la fin de l'année. Deux obstacles empêchent la généralisation de ce système : la gestion des effectifs qui varient d'une année à l'autre et qui rendent incertaine la prévision de structures de ce type, et surtout la difficulté pour les enseignants d'enseigner sur plusieurs niveaux dans une classe de vingt-cinq élèves, voire plus.
Reste le saut de classe, qu'on peut recommander quand un enfant a de bons résultats scolaires, qu'il a acquis les compétences requises dans le niveau où il est et qu'il ne peut plus tirer aucun profit de l'enseignement qu'il reçoit. Il faut alors envisager un saut de classe pour éviter une rupture dans les apprentissages (selon la loi de 1989 modifiée par la circulaire de juin 1992). Freiner un enfant, c'est le dégoûter de l'étude. Toutefois, certaines précautions sont à prendre en ce qui concerne les enfants dyslexiques et ceux qui ont de graves problèmes à l'écrit. Leur demander un effort supplémentaire pour s'adapter à une classe supérieure peut accroître leurs difficultés. Il faut être prudent et s'entourer d'avis autorisés. Psychologues, orthophonistes, psychomotriciens et graphothérapeutes sont de bon conseil.
En maternelle et en primaire, toute classe peut être sautée. Mais les obstacles administratifs de la commission d'affectation en sixième rendent le passage de CM1 en sixième plus ardu. Il vaut mieux prévoir le saut de classe dans les niveaux précédents.

L'école primaire a pour mission d'apprendre aux enfants à lire, à écrire et à compter (le ministre de l'Éducation qui, un jour, avait rappelé cette vérité première, était passé pour révolutionnaire).

IL EST PEUT-ÊTRE SURDOUÉ MAIS IL COMPTE QUAND MÊME SUR SES DOIGTS
PIEM

Chaque année, les notions sont reprises et approfondies. L'enfant précoce peut approfondir directement.

Le moment le plus favorable est celui où l'enfant culmine loin au-dessus des autres ou bien quand il commence à régresser.

L'enfant précoce aime être confronté à des difficultés qu'il a plaisir à surmonter. La résolution de tout problème est pour lui très stimulante. S'il a déjà acquis les notions qu'on lui enseigne, il s'ennuie. Tant qu'il est maintenu dans un no man's land n'exigeant de lui aucun effort, il végète. Un enfant qui ne progresse pas régresse. Sa curiosité s'émousse et son appétence pour l'étude se tarit. Si cette situation perdure et que les parents demandent un saut de classe quand l'enfant est presque déjà en échec scolaire, il ne sera plus envisageable. Ce n'est déjà pas facile de convaincre un enseignant de l'accepter pour un bon élève, cela devient impossible si ses résultats sont médiocres.

Certains parents appréhendent les sauts de classe, notamment quand l'enfant a réussi à se faire des amis au sein de sa classe et quand il redoute le changement. Si c'est la maîtresse qui le conseille, c'est mieux accepté. Bien sûr, mieux vaut l'y préparer et tenir compte de son avis.

L'accélération du cursus scolaire en maternelle et en primaire est sans danger. Elle est plus hasardeuse au niveau du collège : quelle est la classe qui comporte le moins de risques de lacunes ? et comment convaincre huit professeurs au lieu d'un seul en primaire ?

Si saut de classe il doit y avoir, il vaut mieux ne pas attendre le collège.

Le conseil de cycle

Créé, dans l'esprit du législateur, pour apporter plus de souplesse au système éducatif, le conseil de cycle a, au contraire, rigidifié les procédures. Composé des maîtresses des niveaux concernés, de la directrice, voire de l'inspectrice de secteur, il statue. Une fois encore, la sentence est assortie d'une explication simple et lapidaire que seuls les parents ne veulent pas comprendre : « Il n'est pas mûr – il a un mauvais graphisme. »
Comme dans tout tribunal qui se respecte, la décision est susceptible d'appel. C'est l'inspecteur d'académie en résidence qui est saisi. Il confirme la décision. S'il ne soutient pas ses enseignants, il n'y a plus de hiérarchie ! Passer outre leur avis comporte des risques. S'ils sont fortement syndiqués, ils crieront à l'outrage.
Qu'à cela ne tienne. Il existe encore deux possibilités de recours :
    1. Le tribunal administratif. Mais la justice est réputée pour sa lenteur. Un procès en tribunal administratif suivi d'un appel et d'une cassation, cela peut atteindre deux ans comme dix, voire plus. Avec un peu de chance, le jour de son mariage, l'enfant ayant enfin fait reconnaître son bon

droit recevra son avis de passage en CP. Cette dernière procédure ne saurait être envisagée qu'en désespoir de cause.

2. Le médiateur. Cet homme de bon sens, au vu du dossier, conseille le passage en CP. Son avis est consultatif. Sera-t-il suivi ? Il faut attendre.

Selon le B.O. n° 27 du 5 juillet 2001, « les suggestions formulées par le médiateur de l'Éducation nationale méritent d'être examinées avec soin et mises en œuvre *dans la mesure où elles insistent sur la qualité du dialogue et l'attention particulière portée à chaque interlocuteur, dans le respect du droit* ». Toutes précautions stylistiques pour dire qu'il faudrait suivre les avis du médiateur. Le besoin d'une telle circulaire prouve assez qu'il n'en est pas toujours ainsi. Si bien que le législateur a jugé utile de faire une loi (n° 2000-321 du 12 avril 2000) afin de recommander de « veiller scrupuleusement à ce que chaque courrier qui vous [l'administration] est adressé reçoive une réponse rapide n'excédant pas quelques jours, parfois immédiate, compte tenu de délais imposés par la demande (dates limites..) »...

> Quand des parents veulent, sur le conseil d'un psychologue ou d'un enseignant, **faire sauter une classe** à leur enfant, ils doivent adresser une lettre à l'école, dans laquelle ils précisent leur souhait et donnent des arguments concrets de nature à construire un dossier solide. Le cas est soumis au conseil de cycle. Toute décision administrative doit être motivée avec preuve à l'appui (par exemple un cahier de devoirs).
> Le conseil doit se prononcer sur les trois types de compétences distingués par l'Éducation nationale :
> – les compétences transversales (tenue des cahiers, classeurs, dossiers, utilisation des outils...) ;
> – les compétences d'ordre disciplinaire (savoirs et méthodes spécifiques à chaque grand domaine, mathématiques...) ;
> – les compétences dans le domaine de la maîtrise de la langue (vocabulaire, syntaxe).
> L'âge de l'enfant ne peut justifier une décision de maintien dans

une classe où seraient repris des apprentissages déjà maîtrisés. L'âge d'entrée au cours préparatoire est 6 ans. Qu'est-ce à dire ? Que l'école ne peut refuser un enfant de 6 ans. Mais cela n'implique pas qu'un enfant doive attendre 6 ans pour entrer au cours préparatoire. Tout argument subjectif, tel que le « manque de maturité », est irrecevable.
Que faire en cas de refus du conseil de cycle ?
La décision du conseil de cycle peut faire l'objet d'un recours auprès de l'inspecteur d'académie. Si la décision de rejet est maintenue, reste le recours auprès du tribunal administratif.
Une lettre doit être adressée au président du tribunal administratif, accompagnée d'un timbre fiscal. Parallèlement, une autre lettre, également accompagnée d'un timbre fiscal, est déposée au greffe du tribunal administratif (c'est mieux, vu l'urgence) ou envoyée au juge des référés du tribunal administratif pour sursis à exécution de la décision de maintien.
Les recours étant épuisés, en cas de refus, mieux vaut l'inscrire dans un établissement privé sous contrat, qui jouit de plus de souplesse bien qu'obéissant aux mêmes règles que le public pour les passages de classe. L'enfant commence son année dans la classe où il est affecté et, au bout de quelques jours, après que l'enseignant a testé son niveau et vérifié qu'il maîtrise les connaissances requises, il passe dans la classe supérieure où le rythme d'apprentissage est plus adapté. Un inconvénient cependant : il arrive dans une classe déjà constituée. Mais tout vaut mieux que le désintérêt encouru dans un niveau trop faible pour lui.
Certains cas sont particulièrement affligeants du point de vue de la logique. Des enfants de 5 ans nés le 6 janvier ne sont pas autorisés à passer en CP pour cause de manque de maturité. S'ils étaient nés le 31 décembre de l'année précédente, soit six jours plus tôt, ils y seraient entrés de droit. À six jours près, ils étaient mûrs et prêts à être cueillis au CP.

Pendant les vacances, l'enfant fait tous les jours une ligne d'écriture – parce qu'il sait aussi écrire –, mais il est très lent et maladroit. Sa mère lui donne, en récompense, un minuscule animal en résine pour chaque ligne bien écrite. À la

fin des vacances, il a une mini-ménagerie et il écrit correctement, à une vitesse raisonnable.
On est maintenant au mois de septembre, à la veille de la rentrée. Pendant des mois, il a fallu constituer des dossiers, accumuler des justificatifs, user d'acharnement.
La décision arrive enfin : l'enfant est autorisé à passer en CP « aux risques et périls des parents ».
Les enseignants se consolent d'être désavoués car ils redoutaient d'avoir à affronter une année de plus ces parents encombrants.
L'enfant sent bien qu'il s'agit là d'une victoire. Il retiendra de ce premier et dur combat que la victoire n'est jamais facile et qu'elle mobilise une grande dose d'énergie et de courage. Il a aussi compris que ses parents sont désormais tout à fait à ses côtés.

> **L'écriture** est souvent un problème pour l'enfant précoce. Il peut avoir cinq à sept années d'avance mentale par rapport à son âge réel. Mais, sur le plan kinesthésique, il a son âge réel. Sa pensée va beaucoup plus vite que sa main. Il est souvent très lent. Il devient nerveux, se crispe sur son stylo et petit à petit ne veut plus écrire. Il est inhibé face à la feuille blanche.
> Quand l'enfant commence l'apprentissage de l'écriture, il suffit, le plus souvent, d'un peu de patience et de persévérance pour obtenir une calligraphie lisible. Mais parfois, le trouble est plus profond et une rééducation est à envisager.
> Des graphothérapeutes peuvent l'aider. Les progrès sont plus ou moins longs. Plus la rééducation est entreprise tôt, plus grande est la réussite.
> Certains enfants n'arrivent pas à maîtriser leur écriture. Leurs devoirs sont difficiles à déchiffrer. Quelques écoles les autorisent à utiliser des ordinateurs, et aux examens, sous certaines conditions, ils peuvent bénéficier d'un tiers temps supplémentaire. Les parents doivent en faire la demande auprès du médecin scolaire, qui la fera suivre à la commission départementale de l'éducation spécialisée (à l'Inspection académique du département).

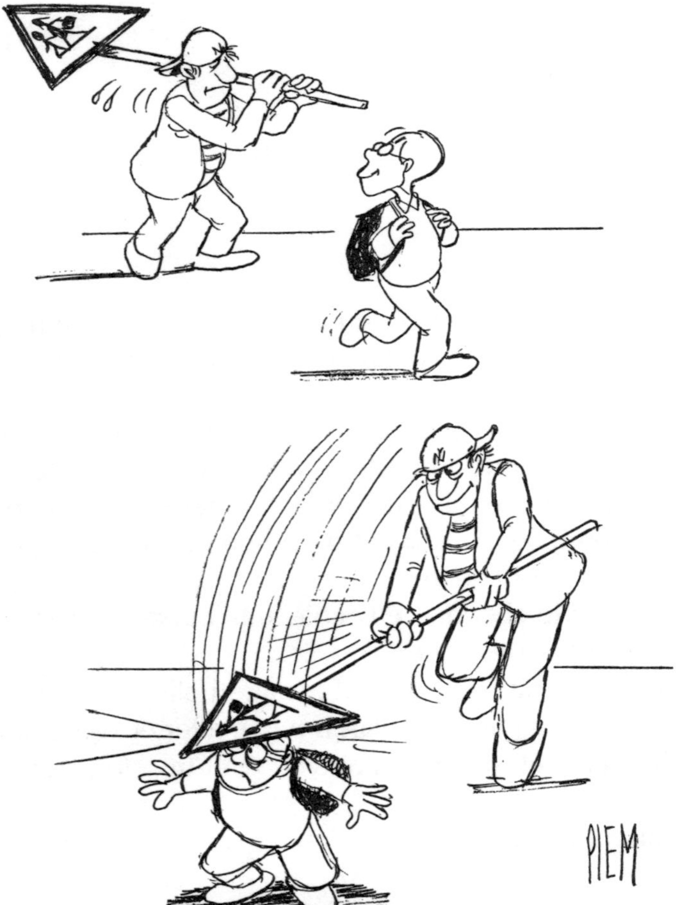
PIEM

Le CP

Finis les collages, les dessins, la peinture, les comptines, les siestes. Enfin, il va entrer à la « grande école », il va « apprendre » et être heureux.
En fait, il ne sait pas encore que son bonheur ne viendra qu'en CE1, d'une institutrice attentive qui, dès le premier jour, décèlera en lui un enfant différent, d'une richesse exceptionnelle. Mais avant de rencontrer cette maîtresse, il devra encore patienter.
Joyeux sur le chemin de l'école, une herse se dresse devant lui qui le fait trébucher.
Le CP, c'est pire qu'avant. En maternelle, il ne faisait pas grand-chose mais il pouvait bouger, aller et venir, parler au lapin blanc, et quand la pression était trop forte, chanter et crier.
Maintenant, on attend de lui qu'il reste rivé à sa chaise, qu'il écoute, qu'il répète b-a, ba.
On lui a remis un livre. Il le feuillette. Il en est à la dernière page quand vient son tour de lire. D'un trait, il lit toute la page. Étonnement, il sait lire ! Quand les autres en sont à la première page, il en est à la dernière !
C'est lorsque commence la séance de calcul que sa situation

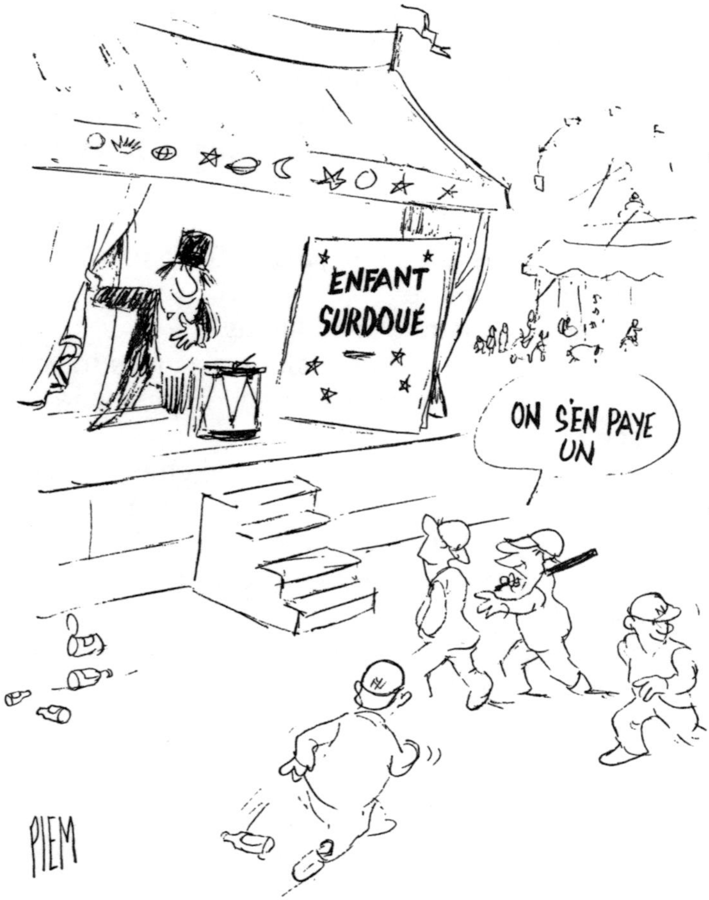
ENFANT SURDOUÉ
ON S'EN PAYE UN
PIEM

au sein de la classe se détériore et bascule définitivement. La maîtresse écrit au tableau quelques chiffres que les élèves se réjouissent de savoir lire. Elle pose timidement quelques additions avec force dessins : trois roses, plus quatre roses. Avant que les petites roses rouges et blanches n'aient fini de fleurir le tableau, avant qu'elle n'ait eu le temps d'expliquer aux enfants admiratifs ce qu'elle entendait leur apprendre, du fond de la classe, la réponse espérée dans la demi-heure à venir a fusé telle un feu d'artifice. La consternation est maintenant à son comble.
Que faire de cet enfant ?
– Comment savais-tu ce que j'allais demander ?
Il ne sait que répondre.
– Qui t'a appris à faire des additions ?
– Personne. Mais je sais aussi faire un peu les soustractions.
– Alors, comment sais-tu tout cela, si personne ne te l'a enseigné ?
Il se lance dans des explications sur le chemin mental suivi qui laissent l'institutrice perplexe. La démarche est personnelle, mais le résultat est là, exact.
Que ce petit bonhomme est étrange !

Pourquoi n'est-il pas comme les autres ? Sera-t-il toujours le vilain petit canard ?

L'exclusion

À la récréation, il va vers ses camarades avec appréhension, mais détermination. Il est décidé à en finir avec le rejet qu'il subit depuis déjà trop longtemps. Mais personne ne veut de lui ni dans la cour, ni à la cantine. Il comprend qu'il a fait un grave impair en révélant qu'il savait lire et calculer.
Quand sa mère vient le chercher, il lit dans ses yeux l'anxiété qui la tenaille : « Comment s'est passée cette journée ? » Bravement, il sourit : « Très bien. » Mais elle n'est pas dupe et le chagrin de sa mère le renvoie, en miroir, à son propre chagrin. Les jours s'égrènent, tous semblables. Sauf que les autres élèves ont trouvé un jeu : ils le molestent, lui donnent des coups qu'il n'ose pas rendre de peur de les blesser, lui font des croche-pieds, barbouille ses cahiers... Ils lui attribuent tant de noms d'oiseaux qu'à la fin, il a acquis un vocabulaire très riche dans ce domaine aussi : morpion, moustique, demi-portion, nain, pingouin à roulettes...
Les adultes ressassent que l'école est un lieu de socialisation, mais si la socialisation consiste à recevoir des coups, il ne voit pas en quoi elle pourra lui être utile.
Un soir où il est particulièrement couvert de bleus consécutifs aux coups qu'il a reçus, le père le prend en aparté :

il ne veut pas que sa femme entende ce qu'il va dire à son fils.
– Qui t'a fait ça ?
– Mes camarades.
– Quels camarades ?
– Le capitaine et ses troupes.
– Qui est ce capitaine ?
L'enfant cite le nom d'un élève que le père connaît de vue.
– Mais il est beaucoup plus petit et beaucoup moins fort que toi !
– Oui.
– Alors, demain, fous-lui une pâtée et tu n'auras plus d'ennuis. Les autres se dégonfleront.
– Oh ! non, je risquerais de lui faire mal.
– ... !
Que faire pour cet enfant ? C'est un non-violent.

La solution proposée par son père ne lui convient pas. Il n'empêche que cela ne peut plus durer. Son père a raison. Ce même soir, au lit, il établit plusieurs plans de campagne qu'il va essayer les uns après les autres. Peut-être l'un d'eux sera-t-il le bon ?
Il a les cheveux plus longs que les autres élèves. Tel Samson, ne marquerait-il pas sa singularité par cette chevelure abondante qui l'empêcherait de communiquer avec ses camarades ? Le jour suivant, il va les faire couper. Ainsi, il pourra « partager ses connaissances avec eux ». Sa nouvelle coiffure les surprend une matinée, guère plus. Ce plan-là n'est pas le bon.

Il décide d'user de corruption. Il emplit ses poches de Kinder et les distribue à profusion. Les enfants sont calmés le temps d'un bonbon. Ce plan, non plus, n'est pas le bon.
Il les invite à la maison. Il a la chance d'avoir des consoles :

tous les enfants aiment les nouvelles technologies. Certains viennent, s'amusent. Mais le lendemain dans la cour, ils sont encore plus désagréables qu'à l'habitude. Comme pour se faire pardonner leur trahison, ils lui lancent des pierres, et ridiculisent « l'intello ». Ils ne lui pardonnent pas ses bonnes notes.
Il sent ses parents de plus en plus malheureux de son exclusion. Alors, il décide de changer du tout au tout de stratégie. Le plan de la dernière chance est établi.

> Autrefois, les enfants mettaient un de leur camarade en quarantaine. De nos jours, l'exclusion du groupe n'est plus pratiquée sous cette forme mais, pour être plus sournoise, elle n'en est pas moins efficace. C'est une grande souffrance pour celui qui la subit.
> Des enfants ont souvent honte d'avouer leur faiblesse. Ils sont rejetés et maltraités et ils s'en attribuent la faute. Ils se replient sur eux-mêmes et leurs parents n'ont pas conscience du drame qu'ils vivent. Ils ne peuvent se décharger de ce poids qui leur pèse sur le cœur que par les confidences qui parfois leur échappent.
>
> L'enfant, par nature, est conformiste et, pour être accepté, il est prêt à tous les sacrifices.

La régression

> « L'avantage d'être intelligent, c'est qu'on peut toujours faire l'imbécile, alors que l'inverse est totalement impossible. »
>
> Woody Allen

Si sa différence le mène à la solitude et à la détresse de toute sa famille, il faut gommer cette différence. Demain, il lira b-a ba. Il se gardera bien de manifester qu'il comprend avant tous les autres, que, dès que la leçon est finie (et même avant), il a tout absorbé et qu'il n'a pas besoin d'apprendre, qu'à peine la question posée, il peut répondre correctement. De temps en temps, il lâchera quelque ineptie pour faire rire ses camarades. Il ne veut plus traîner son Q.I. comme un boulet. On lui a dit qu'il était talentueux, il va renoncer à son talent pour avoir des amis.

Il entame donc la régression. Il excelle dans cet art. Il s'interdit de lire à la maison, et rapidement il ne sait plus lire. Il devient niais... Pendant que ses parents aspirent pour lui à un bicorne de polytechnicien, il ne rêve que d'un bonnet d'âne. Il n'est même pas sûr de gagner l'amitié de ses camarades à ce prix, mais, gros progrès, il n'est plus battu ni totalement exclu, et c'est toujours cela de pris.

Par contre, ses parents sont plus inquiets que jamais : ils ne comprennent plus rien à cet enfant.

Re-psy

« Avec des camarades plus âgés, votre enfant aura plus de chance d'être accepté. Ses intérêts seront plus proches des leurs. En classe, il se meurt d'ennui, s'étiole, dépérit. Il faut absolument nourrir son esprit. Faute de mieux, qu'il saute une autre classe. »
Le bilan remis par la psychologue est alarmant. Elle souligne l'urgence d'un changement.

École élémentaire
1, rue Ernest L...
78 P...

P..., le 13 décembre 19...

à Monsieur et Madame L
10, rue M.C.
78 P...

Objet : Décision du conseil de cycle

Madame, Monsieur,

Nous avons l'honneur de vous faire part de la décision du conseil des maîtres de cycle concernant la scolarité de votre enfant, actuellement dans la classe de CP de madame R...

Comme prévu, et après avoir relu avec attention votre récent courrier, nous nous sommes de nouveau penchés avec le plus grand soin sur les travaux réalisés par votre fils au cours de ce premier trimestre.

Au vu de son travail, nous constatons :
– qu'il a de réelles compétences dans le domaine des mathématiques,
– que son niveau en français le situe à un niveau correct de CP ;
– que nombre de compétences transversales sont encore en cours d'acquisition (copie, présentation des cahiers, tenue du classeur, utilisation des outils, etc.).

En conséquence, nous décidons que votre fils restera dans la classe de CP pour y effectuer les apprentissages de la dernière année du cycle.

Par ailleurs, pour tenir compte de ses capacités en mathématiques, nous proposons qu'il intègre, à raison d'une heure par semaine (le vendredi de 13 h 30 à 14 h 30), le CE1 de Madame Ch...

Il y effectuera des activités de raisonnement et de résolution de problèmes qui lui permettront d'entretenir et de développer ses capacités.

Nous vous prions d'agréer, Madame, Monsieur, nos très sincères salutations.

Pour le conseil des maîtres de cycle

La Présidente   Le Directeur

(Copie d'une décision authentique : un texte comme celui-là ne s'invente pas...)

Demande
d'un nouveau saut de classe

De nouveau, le dossier de la psychologue, alourdi du bilan, est présenté au conseil de cycle.
De nouveau vient le refus.
Les arguments sont moins lapidaires, mais tout aussi tranchants et les solutions proposées surréalistes.
Les parents s'interrogent avec inquiétude sur le « etc. ».
Ils décident de réfuter tous ces arguments.
Après avoir couché l'enfant, studieusement, dans le calme de la nuit, ils se mettent à l'ouvrage. « Réelles compétences dans le domaine des mathématiques. » Rien à redire. « Niveau en français correct pour un CP. » Les parents se demandent si c'est de leur fils qu'il s'agit, Combien d'enfants arrivent-ils au CP en sachant lire couramment ? « Niveau correct pour un CP », c'est un peu sévère en l'occurrence ! Aucun avis motivé, avec preuves à l'appui, sur les compétences dans le domaine de la maîtrise de la langue : lui qui à 3 ans et demi disait qu'il avait « hâte » de partir en vacances, ou qui reprochait à son grand-père qui l'aidait à diriger sa bicyclette de ne pas être « compétent » ! Un petit mot sur son aisance verbale n'aurait pas fait de mal.

« Une heure par semaine en CE1. » Ils se remémorent les entretiens avec la maîtresse en début d'année. Pour être sûrs de ne pas en oublier les termes, ils les avaient notés et soigneusement rangés dans un dossier qu'ils ressortent aujourd'hui :

> « *Le 15 septembre,*
> *On peut penser qu'il aurait les compétences pour suivre des modules au niveau CE1, voire CE2, pour certaines activités mathématiques.*
> *Je pensais d'ailleurs le proposer en conseil de cycle... mais les classes sont organisées de telle façon (heures d'éducation physique et sportive) qu'on ne peut aligner toutes les heures de mathématiques. Il pourrait "décloisonner" en mathématiques 3 heures par semaine au départ, peut-être plus et dans d'autres matières...* »

Pourquoi, à ce compte, ne pas le changer de classe ? Ce serait tout de même plus simple. Mais pourquoi faire simple quand on peut faire compliqué ?
Le 15 octobre, réponse de la maîtresse interrogée au sujet du décloisonnement qui n'a pas commencé :

> « *Nous devons prendre notre temps pour le montage du projet, il ne faut pas aller trop vite. Votre fils doit apprendre à transférer sa pensée logico-mathématique dans d'autres domaines comme la grammaire. Je veux me rendre compte moi-même de ses besoins dans les autres matières. C'est un enfant très curieux de tout. Même quand c'est facile pour lui, il joue le jeu et répond avec entrain, il ne laisse pas tomber.* [C'était en début d'année. Maintenant, il a tout laissé tomber. Et la maîtresse d'ajouter :] *Je n'ai pas les moyens matériels de lui apporter tout le temps un travail individualisé : c'est un hyperactif qui a toujours besoin de faire quelque chose.* »

Que sait-elle de l'hyperactivité ? Mais l'hyperactivité et la

« pensée logico-mathématique » attestent de son passage en Institut universitaire de formation des maîtres (IUFM). Quand elle donne ses cours d'EPS (éducation physique et sportive), elle doit proposer un jeu de « référentiel bondissant » (lire « ballon »).
Des trois heures proposées, le projet est réduit à une heure, soit 3 % du temps de classe. Quant aux compétences transversales, qu'il les acquière en CP ou en CE1, où est la différence ?
En fait, la pauvre maîtresse est une jeune enseignante en début de carrière, fraîche émoulue de l'IUFM. Elle a essayé, avec les moyens du bord, d'aider l'enfant, mais entre le premier entretien et le second, elle a dû se faire semoncer. Au conseil de cycle, elle n'a sans doute pas pu faire prévaloir son avis, peut-être même n'a-t-elle pas pu l'exprimer du tout.

Et l'enfant, dans tout cela ?
À quoi bon vouloir entraîner des interlocuteurs sur le terrain de l'intérêt de l'enfant quand ils sont enfermés dans une logique institutionnelle ? De surcroît, ils ne veulent pas s'informer. Lors d'une visite à l'inspectrice de l'Éducation nationale (IEN), professeur en IUFM, les parents lui avaient remis, pour information, des actes de congrès sur la précocité qu'elle avait repoussés avec mépris, avec dégoût même, les priant de reprendre ces documents inutiles à ses yeux. Cet enfant est *différent, précoce, prometteur*. Il ne va pas être, en plus, *décloisonné*. Souligner sa différence par tous les bouts, le marginaliser, n'est-ce pas la meilleure façon de l'exclure de tous les groupes ?
Finalement, comme les parents ne sont pas encore remis de leur combat de l'an dernier, ils jettent l'éponge. Ils n'enverront pas la lettre projetée et patienteront.

Pendant les vacances, ils vont reprendre les choses en main :

ordinateur, voyage culturel, bibliothèque, théâtre, visite des musées.

L'enfant, qui est toujours différent, précoce, prometteur, doué, surdoué, mais pas décloisonné, renonce à faire l'imbécile. Les questions pleuvent de nouveau, au grand bonheur des parents qui retrouvent enfin leur fils.

Un jour même, dans un élan de bonne volonté, il leur demande de lui enseigner « les compétences transversales ».

> Tous les parents n'ont évidemment pas la possibilité d'apporter ce **complément de culture**. Cet enrichissement nécessite du temps, un niveau culturel et intellectuel qui n'est pas à la portée de tous et aussi des moyens financiers. La précocité n'est pas l'apanage des classes favorisées. Elle existe cependant dans toutes les couches de la société. Mais les dons sans stimulation de l'environnement risquent de s'atrophier.
> L'apport extérieur creuse le fossé entre les enfants de classe socioculturelle favorisée et les autres. C'est en cela que l'école a le devoir d'aider l'enfant précoce à optimiser ses aptitudes. « À chacun selon ses besoins. » Le ministère insiste sur la nécessité d'une prise en compte de la diversité des élèves. Alors, pourquoi les conseils de cycle ne suivent-ils pas les instructions de leur ministre et refusent-ils des sauts de classe à des enfants qui ont soif d'apprendre ?

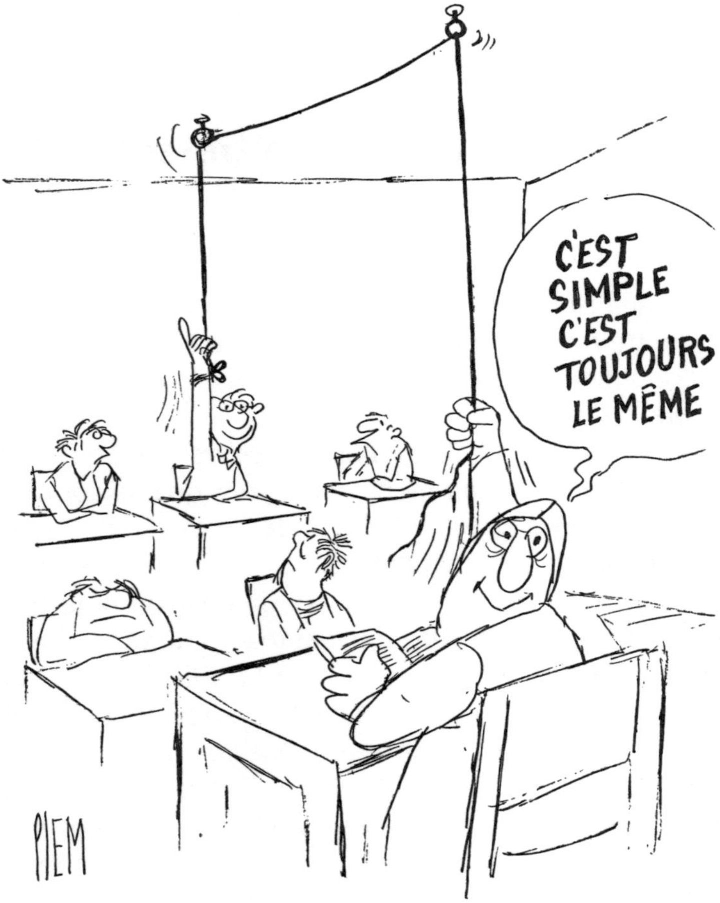
C'EST SIMPLE C'EST TOUJOURS LE MÊME
PIEM

La gentille maîtresse

En septembre, il retourne à l'école à reculons. Et c'est la rencontre avec la gentille maîtresse. Oh ! cette maîtresse, il ne l'oubliera jamais. Il s'épanouit enfin. Tel est le miracle de l'école.
Il a l'impression qu'elle ne fait plus cours que pour lui. Son regard revient constamment vers lui dès qu'elle aborde une notion nouvelle, parce qu'elle lit dans ses yeux le bonheur d'apprendre, la joie de comprendre, et c'est sa récompense à elle. Il capte son attention, il voudrait l'avoir pour lui tout seul. Comme c'est une bonne maîtresse, elle va répéter pour les autres cette nouvelle leçon, mais lui, elle l'autorise à faire autre chose. Elle a toujours dans sa besace un jeu cérébral, un exercice d'éveil, un livre à conseiller, un exposé à proposer. Il ne s'ennuie plus jamais et il repart chaque matin vers l'école comme pour aller à la fête. Cette année-là, il se réconcilie avec l'étude et, comme la maîtresse ne manque jamais de le valoriser, sans pour autant minimiser les autres élèves, pour la première fois, il est accepté de ses camarades, qu'il se fait une joie d'aider dans leur travail.
En fin d'année, c'est la maîtresse elle-même qui propose le saut de classe. Elle en parle à ses collègues des classes

supérieures et, comme au temps de Pagnol, le passage en CM1 se fait sans douleur et sans tribunal.

Les deux années suivantes, il perd son temps, mais personne ne le rend malheureux. Il trouve hors de l'école de quoi se sustenter intellectuellement.

Tout le corps enseignant admet une fois pour toutes qu'il est un excellent élève et que les sauts de classe ont été bénéfiques pour lui. Mieux, même, les maîtres commencent à l'étudier, comme s'ils voulaient éclaircir un mystère. Ils consultent les sites pour enfants précoces sur Internet, suivent les colloques et congrès, se familiarisent avec les écrits recommandés. Et ils l'observent. Il a un grand pouvoir d'abstraction. Il raisonne souvent par analogie, a l'esprit de synthèse et sait faire des analyses fines. Ses intérêts sont sélectifs. Quand il est concentré, il retient tout. Il donne l'impression de ne jamais travailler. En fait, il ne travaille pratiquement pas. Il écoute la leçon une fois et il la sait. Il lit une poésie une ou deux fois et il la récite. En mathématiques, sa rapidité est fulgurante. Il ne suit pas les consignes et sa façon de manifester son savoir est très originale, parfois surprenante, mais très efficace. Il a une extraordinaire mémoire. Sa curiosité semble insatiable.

Cet enfant est une énigme.

Côté camarades, si les autres enfants ne raffolent pas de lui, ils ne le rejettent plus vraiment.

> Nous avons tous dans notre mémoire le souvenir de quelque professeur auquel nous aurions aimé nous identifier. Pour bien apprendre, il faut avoir un lien affectif avec l'enseignant : l'enfant est prêt à aimer sa maîtresse. Il attend d'elle le savoir, mais aussi l'amour. Alors, il ne subit plus l'enseignement, il le vit avec joie et bonheur. Si elle sait présenter les sujets les plus arides sous une forme ludique, elle emporte l'adhésion inconditionnelle de ses élèves.

Les activités du mercredi

Toutes les mères savent que le mercredi, jour de trêve scolaire, signifie pour elles un regain d'activités. Pour la mère de l'enfant précoce, c'est l'occasion d'une course effrénée. La journée commence tôt le matin par le foot, et le solfège. Puis, au fil des heures ou des mois, les activités changent. C'est le mini-club d'anglais, le Louvre, la chorale, le judo, le piano. Il veut goûter à tout. Mais il faut faire des choix. Le mercredi n'est pas extensible et l'année non plus.
Il est le meilleur du club de judo. On commence à le promener à travers le département. L'entraîneur lui serine à l'oreille : « Tu es l'honneur du club. Il faut que tu gagnes. » L'heure de la chorale est l'instant merveilleux qu'il attend toute la semaine. Il ne peut pas faire faux bond, c'est une question de solidarité avec le chœur. Il aime chanter et il est au sein d'un groupe qui ne le rejette pas. S'il avait plus de temps, peut-être trouverait-il ici des amis. Au foot aussi, on compte sur lui. Ce n'est pas qu'il aime les sports collectifs, mais c'est là encore une façon de ne pas être isolé.
Aller au Louvre est pour lui comme un miracle. Il voudrait fréquenter tous les ateliers. Il a opté pour les hiéroglyphes. Mais il lorgne déjà sur l'atelier de mosaïque.

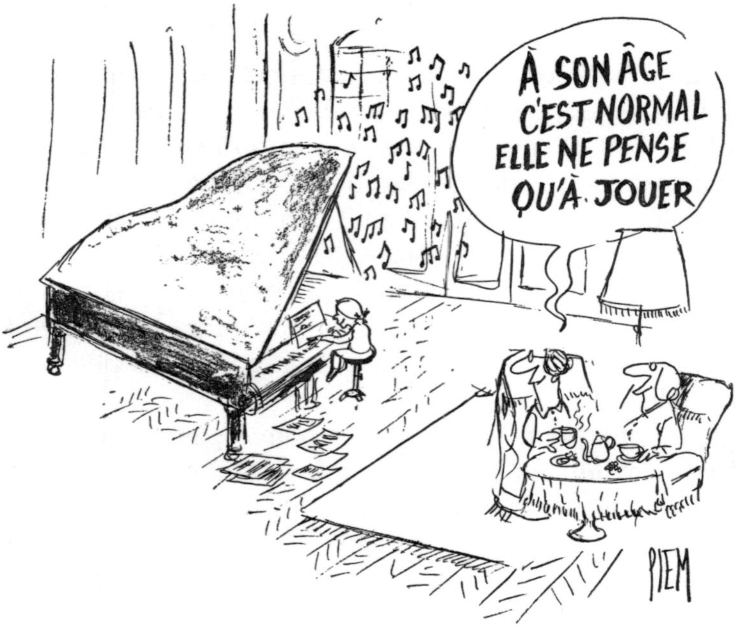
À SON ÂGE C'EST NORMAL ELLE NE PENSE QU'À JOUER
PIEM

Le solfège et le piano au conservatoire, malgré l'insistance de la directrice qui voit en lui son meilleur élève, sont vite abandonnés. On fera venir à la maison, en semaine, un professeur.

La mère n'a pas plus de loisirs pour autant. Grâce aux compétitions, matchs, chant chorale, elle apprend à connaître tout le département, puis la région. Pourquoi pas, demain, toute la France ?

Quand, exténuée, elle raconte sa journée à une amie, elle s'entend dire : « Mais pourquoi tu le pousses comme ça ? Pourquoi cèdes-tu à tous ses caprices ? Un jour, il veut faire une activité, puis il l'abandonne. Il n'a pas de suite dans les idées. Ton fils ne fera rien : c'est un dilettante. Laisse-lui le temps de jouer, de voir ses petits camarades. »

Quelle part de jalousie y a-t-il dans ce discours ? Comment expliquer qu'elle ne pousse pas l'enfant, qu'il la tire, que, pour lui, enrichir ses connaissances est source de joie ?

Comment faire comprendre qu'il voudrait tout faire et que c'est à regret qu'il écarte les activités qu'il n'a plus le temps de faire ?

Quant aux petits camarades, il n'en a pas. Il n'est que rarement invité aux goûters qui font tant plaisir aux jeunes enfants. Et il n'a pas non plus beaucoup de camarades à inviter.

Devant tant d'incompréhension, elle en vient à se demander si elle n'est pas, elle aussi, rejetée. Mais peu lui chaut. Elle se réjouit de voir son fils heureux.

La fratrie

Entre-temps, une fille est née au foyer. Les parents, forts de l'expérience acquise, la conduisent chez la psychologue pour le test de Q.I. dès qu'elle atteint 3 ans et demi. Elle est précoce elle aussi.
Pour les procédures de saut de classe, les parents sont rodés. Pendant quelque temps même, ils deviennent conseillers dans une association pour enfants précoces. Ils aident les parents qui s'adressent à eux à constituer des dossiers « en béton » et sont très contents des résultats obtenus. Peu de cas leur résistent.
Comme le frère a, finalement, donné satisfaction, elle a été inscrite dans la même école. Et comme son frère, elle s'est singularisée, dès le premier jour, en lisant les renseignements concernant les nouveaux élèves : installée de l'autre côté de la table, elle a déchiffré à l'envers les annotations portées par l'enseignante sur le registre. Elle sait lire, et même à l'envers !
Dans *La Gloire de mon père*, Marcel Pagnol écrit au souvenir de sa première année d'école : « Pendant que la marmaille s'époumonait, je restais muet, paisible, souriant ; les yeux fermés, je me racontais des histoires et je me promenais au

bord du parc Borély. » Comme lui, quand elle s'ennuie, elle se met à rêver, ce qui ne gêne personne. D'ailleurs, lorsqu'elle sort de son rêve, elle revient avec les mêmes acquis que les autres élèves. Ses cahiers sont bien tenus. Elle respecte les consignes pour les devoirs. En conséquence, elle est mieux acceptée de ses maîtresses, encore que celles-ci se plaignent de sa grande distraction. Elle oublie tout : ses livres, ses crayons, son manteau, son bonnet... C'est normal : elle est toujours dans les étoiles.
Pour la contraindre à plus d'attention, un jour la maîtresse décide de solenniser l'avertissement et d'organiser un mini-conseil de discipline avec quelques collègues. L'élève devra comparaître devant cet aréopage qui l'admonestera et lui rappellera qu'elle ne doit pas oublier ses affaires. Un bon ouvrier a de bons outils. La date et l'heure sont fixées sur la convocation qui lui est remise.
À l'heure dite, pas d'élève. L'assemblée attend. Toujours pas d'élève. Le lendemain, à l'institutrice qui lui demande la raison de son absence au conseil, elle répond : « J'ai oublié. » La maîtresse comprend qu'il n'est nul besoin d'insister. Cette élève est, dans ce domaine, incurable.

Dans la bibliothèque de ses parents, elle a trouvé des livres reliés rouge et or, à tranche dorée, d'une collection très ancienne avec illustrations en noir et blanc. Ces livres ont, pour elle, quelque chose de magique. Alors que ses camarades lisent les aventures de Goldorak ou *Les Mystères de la poule*, elle lit la comtesse de Ségur. À 8 ans, imprégnée du style anachronique de l'auteur, elle laisse échapper un jour, devant toute la classe : « Je serais bien aise de faire un exposé. » Et tous de s'esclaffer !
Depuis cet incident, elle est sans cesse soumise à toutes sortes de boutades. Elle sait maintenant combien est grande la distance qui la sépare des autres enfants. Elle est d'ailleurs

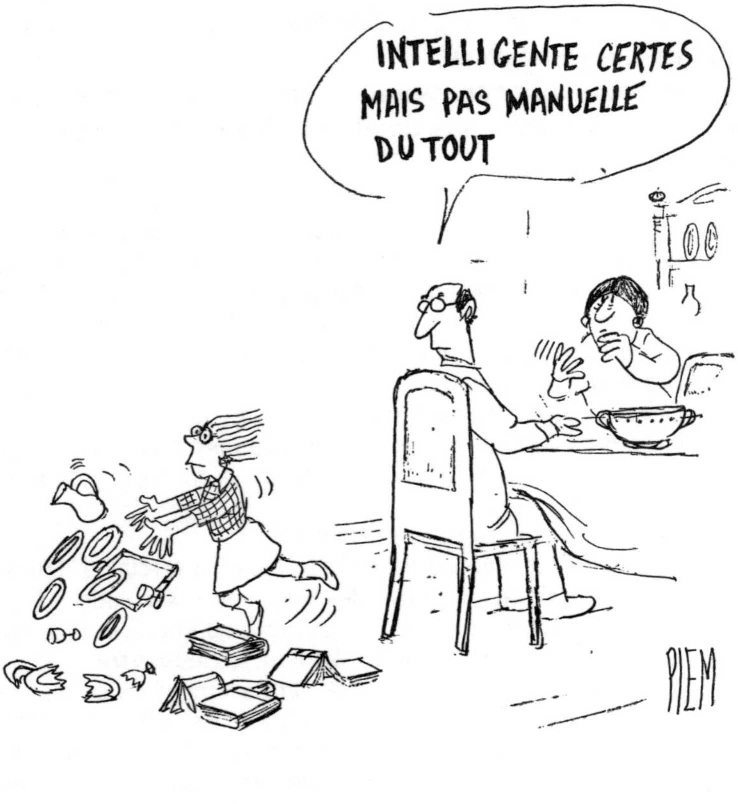
INTELLIGENTE CERTES
MAIS PAS MANUELLE
DU TOUT
PIEM

définitivement confortée dans cette idée lors de l'exposé sur le droit de vote qu'« elle a été bien aise » de préparer. Personne dans la classe n'est intéressé par un sujet si sérieux et personne n'écoute. Elle renonce à finir son exposé et se dit qu'elle ne sera jamais sur la même longueur d'onde qu'eux.

Elle n'a pas beaucoup plus d'amis que son frère. Mais, comme lui, elle se résigne. Elle décide, une fois pour toutes, que ce n'est pas grave.

Les parents sont heureusement surpris de constater que leur fille est infiniment plus docile et plus disciplinée que leur garçon.

> Pourquoi tous les enfants d'une fratrie seraient-ils précoces ? Pourquoi l'assemblage de tant de milliards de neurones se ferait-il de la même façon ? Aucune prédiction ne peut être faite dans ce sens. Pourtant, les statistiques sont là pour montrer que, souvent, plusieurs enfants d'une famille sont précoces. Ce n'est pas seulement une question d'environnement, car sinon, toute la fratrie d'une même famille serait précoce.
>
> Les parents qui ont un enfant précoce parmi des enfants qui ne le sont pas sont toujours inquiets sur la façon de traiter cette différence.
>
> Plusieurs cas peuvent se présenter :
>
> 1) L'aîné est précoce. Il a de bons résultats en classe, il pratique des jeux excitants, il trouve des solutions aux situations les plus diverses. Il sait lire, calculer, il a des centres d'intérêt hors de portée de ses frères et sœurs. Généralement, les jeunes frères et sœurs sont admiratifs. Ils le sont déjà naturellement parce que l'aîné bénéficie de l'aura de sa première place dans la fratrie et qu'ils attendent de lui aide et protection. Les parents n'emploient jamais le terme de « surdoué » et s'en tiennent à celui de « différent ». Mais la fratrie souligne la supériorité de l'aîné, dont elle est fière. Ils aiment faire référence à ce frère quand ils sont avec leurs amis et signaler tout ce qu'il fait d'extraordinaire à leurs yeux. C'est leur façon à eux de partager sa grande intelligence.
>
> 2) Le précoce n'est pas l'aîné. La situation est plus délicate. L'aîné a pu être jaloux à la naissance des frères et sœurs qui sont

La fratrie

venus perturber l'organisation d'une famille où il était le seul enfant. Avant leur naissance, ses parents n'appartenaient qu'à lui et il n'avait pas à les partager avec ces intrus. Si de surcroît ces nouveaux venus se révèlent être supérieurs (c'est toujours en ce terme qu'il exprime la différence), le malaise et la jalousie peuvent le fragiliser gravement.

Les parents doivent faire preuve de prudence : ils ont à aplanir les difficultés nées de cette particularité. Il n'y a pas de recette. Peut-être trouver en chaque enfant le domaine dans lequel il peut réussir et s'épanouir – la flûte, le foot, la peinture, la course... –, à charge pour le précoce de ne pas venir chasser sur le terrain de ses frères et sœurs. S'il s'y hasarde, il risque de réussir mieux qu'eux et l'effet escompté ne se produirait pas. À chacun son domaine.

La tâche est facilitée si les chiffres du Q.I. n'ont pas été communiqués aux enfants.

3) Si tous sont précoces, que les parents les laissent se débrouiller entre eux et qu'ils veillent à leur propre santé, car le chemin sera long jusqu'à ce que les enfants aient acquis leur autonomie : ils auront besoin de toutes leurs forces d'ici là.

Bien qu'on ne puisse pas faire de généralités en matière d'éducation et de comportement, on peut constater une différence dans l'évolution des garçons et des filles, surtout au moment de la puberté et de l'adolescence.

Les garçons, précoces dans le domaine intellectuel, sont moins enclins au travail. Ils sont plus turbulents et restent longtemps très joueurs. Ils sont souvent affectivement plus fragiles. Les filles sont plus posées, elles acceptent mieux les contraintes, suivent plus volontiers les consignes. Elles ont un meilleur sens des responsabilités.

Les psychologues sont les premiers à faire le constat de ces différences : deux tiers de leurs bilans et de leurs psychothérapies sont consacrés aux garçons. Peut-être aussi parce que les parents sont plus attentifs aux difficultés de leurs garçons, et que les filles ne les manifestent pas avec autant d'évidence. À l'école, la plupart des garçons pâtissent de la mixité et des comparaisons qu'elles suscitent. À l'heure actuelle, le pourcentage de réussite des filles aux examens est un peu supérieur à celui des garçons et semble devoir augmenter encore.

Encore
les activités extrascolaires

Maintenant, ce n'est pas un enfant qu'il faut conduire à travers tout le département, mais deux et bientôt trois.
La fille n'aime pas les sports collectifs. Pour elle, c'est le tennis et la natation. Et de courir de tournoi en tournoi, de compétition en compétition.
Pour les activités intellectuelles, il a fallu s'organiser autrement. Par une association, la mère a trouvé des organismes littéraires, artistiques et scientifiques qui prennent les enfants en charge. Dès la première séance, elle a pu s'arranger avec les autres parents pour conjuguer les conduites.
Quand la mère remplit un formulaire administratif demandant de préciser « profession de la mère », elle refuse d'écrire « sans profession ». Ce n'est pas qu'elle milite au MLF, mais elle estime qu'elle travaille à plein temps. Elle mentionne : « femme au foyer, mère de famille ».
Certains mercredis soir, elle se demande si elle a bien fait de cesser son activité professionnelle à la naissance de ses enfants. 35 heures par semaine ! Le rêve.
Cessons de rêver. Les 35 heures seraient en plus.

> Les filles, comme les garçons, ont des comportements très divers au regard du sport.

Tantôt elles refusent d'en faire et préfèrent discuter avec leurs petites camarades plutôt que de s'investir dans l'effort physique. Tantôt elles font du sport avec plaisir, d'autant que, très jeunes, elles ont des préoccupations esthétiques et savent que le sport leur donne de l'assurance et les rend plus belles.

Étant disciplinées, elles pratiquent avec succès des sports collectifs (elles sont nombreuses à le faire). L'avantage du sport collectif pour les enfants précoces, qui ont tendance à être individualistes, c'est de les amener à s'intégrer au groupe et à se dépenser pour la réussite de l'équipe. Les filles s'adaptent plus vite que les garçons aux règles du jeu collectif.

Il faut noter que les sports trop violents comme le rugby ou le foot ne les enthousiasment pas vraiment.

Le copain

Lors d'un pique-nique organisé par l'association pour enfants précoces à laquelle adhèrent ses parents, l'enfant rencontre un adolescent qui a le bras dans le plâtre. Il se lie d'amitié avec lui. Leurs expériences sont assez similaires, sauf que le copain a tendance à répéter qu'il est « dégoûté du genre humain à vie », qu'il « pense parfois au suicide ». Notre précoce, lui, n'a rien contre le genre humain et lui demande s'il n'exagère pas un peu.
– Il faut me comprendre ! C'est infernal ce que je vis. Les enfants, dans la cour de récréation, n'arrêtent pas de me battre et ils m'ont tellement bousculé que j'ai fini par tomber et que je me suis cassé le bras.
En dépit de ses assertions pessimistes, il plaisante beaucoup. Chaque plaisanterie lui tire un petit sourire. En fait, c'est l'humour qui le sauve.
Notre précoce adore les jeux de société. Jusqu'à ce jour, il n'a pu trouver un partenaire avec qui jouer. Il a essayé avec sa sœur, mais elle est toujours dans les nuages et il faut attendre trop longtemps, après chaque coup, qu'elle rentre de nouveau dans la partie : c'est désespérant.
Avec les autres, c'est pire : lui qui ne s'arrêterait jamais, qui

est concentré à l'extrême, exalté par la compétition et l'envie de gagner, est contraint à l'abandon faute de combattants, ses adversaires se lassant bien avant lui et désertant la partie, soit qu'ils ne puissent rester trop longtemps attentifs, soit qu'ils en aient assez de perdre.
Avec le copain, il vient de commencer une partie d'échecs et enfin il a en face de lui un partenaire qui relève le défi, heureux de se mesurer à lui. C'est bon d'avoir un copain. Ils vont se revoir souvent.

Les parents, pendant ce temps, ont fait la connaissance d'autres parents comme eux et ils sont contents de pouvoir échanger des propos librement, sans avoir à se surveiller et sans être regardés, chaque fois qu'ils parlent de leur enfant, avec toutes les nuances de sentiments qui vont de la commisération au mépris. Une joyeuse partie de volley réunissant parents et enfants clôt cette excellente journée.

L'entrée au collège

Le garçon est devenu très philosophe et il n'attend pas grand-chose de son nouvel établissement.
Il a deux ans d'avance. Pour qu'il ne s'ennuie pas, la psychologue a dit qu'il faudrait qu'il saute trois ou quatre classes. Mais c'est un choix qui a été repoussé par ses parents : la différence avec les autres enfants serait trop grande. Et qu'en feraient-ils s'il avait son bac à 13 ans ?
Passée l'excitation des premiers jours, de la distribution des livres, de la rencontre avec les huit professeurs, de la diversité des matières, l'ennui reprend le dessus.
De toute façon, l'année a mal commencé. Le premier jour, le professeur de mathématiques donne quelques problèmes pour se faire une idée des connaissances de ses élèves. Comme à son habitude, notre précoce aligne les résultats sans indiquer le cheminement suivi. Quand, le lendemain, le professeur rend les copies, elle l'appelle à son bureau et lui demande s'il a copié sur son voisin. Il s'en défend.
– Mais comment as-tu trouvé les résultats justes sans suivre la démarche nécessaire pour y arriver ?
Va-t-il toujours falloir revenir au point de départ ? Il explique, avec maints raccourcis, son travail. La maîtresse le renvoie

C'EST ÉNERVANT! IL RÉPOND AVANT QUE J'AIE POSÉ LA QUESTION
PIEM

à sa place. Elle semble le tenir pour un tricheur. Il se console en se disant que Victor Hugo, à 15 ans, n'avait pas gagné un concours, parce que le jury était persuadé que la poésie qu'il avait envoyée ne pouvait pas être l'œuvre d'un adolescent de cet âge.

Fort heureusement, comme tous les collégiens de France, il est soumis à l'évaluation de sixième. Sur les cahiers qui lui sont remis, le tracé de la marche à suivre pour chaque exercice est si précisément indiqué qu'il est impossible de passer au travers. Au vu de ses excellents résultats, le professeur convient que l'enfant, quelques jours auparavant, n'avait pas triché. Blanchi de tout soupçon, il reste cependant en observation : il faudra bien qu'il apprenne à travailler comme tout le monde.

L'auto-évaluation

Quelques jours plus tard, en rentrant du collège, il dit à sa mère qu'il a fait son auto-évaluation.
– ...
– Le professeur de français nous a remis une grille avec cinquante questions pour que nous nous auto-évaluions.
– ...
– Elle nous a expliqué qu'il s'agissait d'un QCM[1]. Il y avait cinq colonnes : « oui tout à fait », « oui », « oui à peu près », « oui très peu », « pas du tout ». Il fallait faire des croix. Première question : « Maîtrises-tu les compétences de base en lecture ? »
– Qu'as-tu répondu ?
– « Oui tout à fait. » J'ai compris qu'on me demandait si je savais lire.
– Quelle était la question suivante ?
– « Maîtrises-tu les compétences approfondies ? »
– Qu'as-tu répondu ?
– Je ne savais pas ce que voulait dire « les compétences

---

[1]. Questionnaire à choix multiples.

approfondies ». Alors j'ai répondu : « oui à peu près ». C'est la moyenne, ce ne peut pas être mal d'être dans la moyenne.
– Et après ?
– « Maîtrises-tu en outre les compétences remarquables ? » J'ai répondu : « oui tout à fait ». Je ne savais pas non plus ce que cela voulait dire, mais le mot « remarquable » m'a paru intéressant. Et puis, au bout d'un moment, j'ai mis les croix dans la grille pour que le tout soit harmonieux et artistique. Croix tantôt à droite, tantôt à gauche, parfois au milieu. En fin de compte, c'était très joli. Ça ressemblait au canevas accroché dans la chambre de grand-mère, celui que tu as fait quand tu étais petite.

Le lendemain, la mère rencontre le professeur.
– Votre fils a des difficultés de compréhension. Sa grille d'auto-évaluation est tout à fait mauvaise.
La mère, éberluée, s'abstient de signaler que l'enfant est intellectuellement précoce. Il s'est déjà assez fait remarquer. Mais elle sent que l'année a, décidément, mal commencé.

La sixième

Noyé dans la masse, l'enfant a perdu son statut d'« élève différent ». Et la litanie des cours reprend. Mais voilà, il a grandi et il ne supporte plus la monotonie de ces journées sans joie. Il rêve de « bouillonnement juvénile [1] » et il navigue sur une eau désespérément plate.
Pendant trois mois, les professeurs font faire des révisions. Il en profite pour se replier sur lui-même. Il ne s'intéresse plus jamais aux cours. Il perd toute appétence pour l'étude. Ses notes sont de plus en plus mauvaises, car il n'écoute plus rien, ne récite pas ses leçons et ne fait plus ses devoirs.

---

1. François de Closets, *Le Bonheur d'apprendre et comment on l'assassine*, Le Seuil, 1996.

LA QUESTION ÉTAIT : "QUI, CE MATIN, NE VEUT PAS ÊTRE INTERROGÉ ?"
PIEM

Le travail à la maison

Bien évidemment, les parents sont convoqués.
– Votre enfant ne fait rien. Il n'écoute pas en classe. Il se moque des observations qui lui sont faites. Les leçons ne sont pas apprises. Travaille-t-il à la maison ? Surveillez-vous son cahier de textes ?...
Il n'est pas besoin de plus d'explications : toute la faute revient à la famille qui ne s'intéresse pas au sort de cet enfant, qui néglige son éducation. C'est clair comme de l'eau de roche. Vous êtes des parents laxistes, bref de mauvais parents.
Être convoqué par le professeur principal n'exclut pas d'être convoqué par les autres professeurs. Après chacun de ces entretiens, c'est le retour à la maison, chaque fois un peu plus pénible.
Alors, toute la famille se met au travail le soir, le mercredi, le samedi, le dimanche, pour faire travailler cette tête de mule. La mère se réserve les matières littéraires, le père, les matières scientifiques. Ils travaillent de plus en plus, l'enfant de moins en moins.
Les convocations se multiplient. C'est l'impasse !

UNE CUILLERÉE
POUR L'E.N.A.
UNE CUILLERÉE
POUR CENTRALE
UNE CUILLERÉE
POUR L'INSPECTION
DES FINANCES
PIEM

Sa mère, qui attend un autre enfant, prie le ciel pour qu'il ne soit pas précoce. Qu'elle ait enfin un enfant dans la norme !

Il n'essaie même plus de convaincre ses parents de le retirer du collège. Il se sent piégé.
Ses camarades ne le comprennent pas. Il ne communique plus.
Faute de temps, il a fallu abandonner la plupart des activités du mercredi. Il reste encore la chorale, mais il n'y trouve plus le même plaisir.
Il a lu quelque part qu'on tombait malade s'il n'y avait pas d'issue à une situation intolérable. Alors, il se laisse glisser dans la dépression.

> La situation n'a aucune chance de s'améliorer dans ces conditions. L'enfant est saturé en classe. Il a une indigestion de toutes les répétitions ingurgitées. Un enfant d'intelligence normale intègre une notion après six ou huit répétitions. Un enfant précoce après une ou deux. Rémy Chauvin dit qu'il absorbe le savoir comme l'éponge absorbe l'eau. Dans une classe hétérogène, il est désœuvré pendant quatre à six répétitions. Et quand, le soir, les parents recommencent les cours, c'est l'overdose.
> Que faire ? Si les parents ne font rien, ils ont l'impression de l'abandonner. Ils sentent les professeurs excédés. Ils redoutent un redoublement ou un renvoi.
> De plus, tout le temps passé à essayer de lui apprendre ce qu'il sait déjà et qu'il ne peut plus exprimer ne lui permet plus d'exercer d'activités extrascolaires, ni de faire du sport, ni de jouer.
> Tous ont une mauvaise opinion de lui et lui renvoient une image négative. Il a un vocabulaire riche, une élocution fluide, on le dit pédant. Il ne travaille pas, on le dit paresseux. S'il passe peu de temps à ses devoirs, on le dit bâcleur. S'il y passe des heures, on lui reproche de se perdre dans les détails, on le dit perfectionniste. S'il fait une pause pour réfléchir, on parle de rêvasserie. Tout cela ne va pas dans le bon sens. Un moment vient où il

vaut mieux ne pas insister. La situation doit être prise par un autre bout.

Certains enfants sont très désordonnés et parfois se noient dans le chaos de leur cartable, de leurs classeurs, de leurs dossiers. Ils ne savent pas organiser leur travail. Une aide dans ce domaine leur est toujours utile. Mais, pour le reste, contrairement à un enfant qui a des difficultés d'ordre intellectuel, l'enfant précoce n'a pas besoin d'être soutenu scolairement. Il n'accumule pas les lacunes dans les petites classes. Au lycée, quelques leçons particulières peuvent le remettre dans la bonne voie.

Dans l'ensemble, son échec relève du manque de stimulation. Il s'ennuie en classe. En rajouter à la maison n'arrange rien. Quand il redécouvre de l'intérêt à ce qu'il fait, il s'investit de nouveau. Comme on réamorce une pompe, on peut essayer de lui redonner goût à l'étude par le biais d'une activité non scolaire. Aux parents de le sonder, de guetter le moment où quelque chose l'accroche et de lui donner tout le loisir de s'y consacrer.

Freud a écrit qu'il y a trois métiers dans lesquels on est sûr de ne pas réussir : psychanalyste, professeur et parent. (En exercer deux à la fois complique encore la tâche.) Mais, ne tenons pas trop compte de l'opinion de Freud – il était d'un naturel pessimiste. Certes, c'est dur d'être parent. On ne sait vraiment faire que lorsque les enfants sont adultes. Mais tout n'est pas perdu : les parents devenus grands-parents pourront faire profiter de leur expérience les jeunes parents.

Tous les sondages prouvent que jamais les familles n'ont été aussi solidaires et les enfants autant attachés à leurs parents que de nos jours. Quelle belle réussite !

La dramatisation

Depuis que l'école est entrée dans la maison, les aimables querelles que se livre tout couple qui s'aime prennent une autre tournure : elles risquent de virer à l'aigre. Toute la famille vit sur les nerfs. La moindre contrariété donne matière à des griefs respectifs.
Les parents ne disent plus « notre fils », mais « ton fils », chacun le reniant ainsi à tour de rôle. Il n'y a plus de rires dans la maison. On ne parle plus que classe, échec, ratage, mauvaise volonté.
– Tu le protèges trop.
– Tu ne t'en occupes pas assez.
– Je n'ai pas besoin, en plus de mon travail, de passer le peu de temps libre dont je dispose à m'occuper de ce crétin qui met tant de mauvaise volonté à tout ce qu'il fait.
– Ce n'est pas en le traitant de crétin que tu vas l'aider à réussir. Si tu nous avais consacré plus de temps, nous n'en serions pas là.
Leur mauvaise foi est indiscutable. Le ton monte et, un soir où l'échange se transforme franchement en scène de la vie conjugale, l'enfant part se coucher après avoir refusé de dîner. Les parents ne viennent pas l'embrasser et il les

entend se disputer tard dans la soirée. Il tend l'oreille, attrape des bribes de conversation : « J'en ai assez. Si tu n'es pas content... »
Quand enfin le silence revient, il tombe sur l'enfant comme une chape de plomb.
Une des qualités essentielles de l'enfant doué, c'est son imagination. Si on lui donne un substrat positif, elle peut le conduire à la création et faire de lui un génie.
Tout aliment, quelle que soit sa nature, nourrit son imagination fertile. Mais sa fâcheuse tendance à la dramatisation l'entraîne parfois à des dérives fatales. Un regard, une parole le mettent en alerte. Il perçoit des signes que les autres ne voient pas. Il entend les premiers craquements annonciateurs de catastrophes. Ce qui, par la suite, risque de lui valoir son lot de déconvenues. On n'aime pas les Cassandre.
Cette nuit-là, de noires pensées tiennent l'angoissé éveillé. Ses parents vont se quitter, c'est inévitable. Le sort en est jeté. Et il sait qu'il en porte la responsabilité. Ils vont divorcer. Ils s'aimaient. Ils ne supporteront pas la séparation et vont tomber malades. Son père ne pourra plus travailler. Il va perdre sa situation, sera au chômage. L'argent ne rentrera plus. La maison sera vendue. Plus de toit, plus de foyer.
Que va-t-il devenir ? Quel est celui qui aura la garde ? Si c'est sa mère, verra-t-il encore son père ? S'il part vivre avec son père, à coup sûr sa mère en mourra. Enfant abandonné au sein d'un foyer ruiné, le voilà maintenant orphelin.
À la fin de cette longue nuit d'insomnie, la conclusion s'impose : il faut qu'il meure pour que tout rentre dans l'ordre. Au matin, il est ravagé.
Pendant qu'il échafaudait ce triste scénario, les parents épuisés se sont endormis d'un sommeil réparateur et, tout réconfortés par une nuit paisible, se sont réconciliés au matin.
Maman fredonne dans la salle de bains, papa chante dans la cuisine. À la table du petit déjeuner, ils sont tout sourire.

– As-tu bien préparé ton cartable ? Veux-tu que nous te fassions réciter une leçon ?
L'école est toujours dans la maison, mais le ton est léger. Plus de nuages dans l'air !
Si les parents ne le comprennent pas, lui ne comprend plus rien aux adultes.

Re-re-psy – La dépression

La psychologue semble inquiète. L'enfant qu'on lui amène aujourd'hui n'a plus rien à voir avec l'enfant pétillant qu'elle a connu il y a quelques années, et dont elle disait qu'il était fait de cristal. Il tient la tête baissée. Il parle bas, par monosyllabes. Il souffre d'être là, inutile, découragé et décourageant.
La psychologue conseille une psychothérapie. Il n'a absolument pas envie de se raconter, mais comme ses parents insistent pour qu'il se confie, une série de séances est programmée.
Ces entretiens mettent en évidence qu'il n'a plus aucune confiance en lui, qu'il ne croit plus en son potentiel élevé. S'il échoue dans ses études, c'est qu'on s'est trompé sur lui. Il était prometteur, mais il n'a pas tenu ses promesses. Il dit : « Je suis nul, je suis un raté. » Il dort mal, devient boulimique, se ronge les ongles. Il n'a plus envie de rien. Il ne réagit plus aux observations qui lui sont faites. Il aimait le ski, il ne veut plus en faire. Il aimait la musique, il n'ouvre plus jamais son piano. Il ne veut plus faire aucune activité extrascolaire. Il n'a pas d'amis, et ses camarades de classe

MOI, MADAME, MON FILS EST BON DERNIER
COMME VOUS AVEZ DE LA CHANCE
PIEM

qui l'ont élu délégué en début d'année ne s'intéressent plus du tout à lui et le fuient.

De cours ennuyeux en entretiens débilitants, il se traîne tout au long de l'année. Il désespère ses parents. Sa mère aussi semble être sur la voie de la dépression.

Vers les vacances de Pâques, le conseil des professeurs envisage un redoublement de la sixième.

Le conseil de classe

Tout parent devrait avoir dans sa vie l'opportunité d'assister à un conseil de classe. C'est le moment d'une triple évaluation. En effet, sont jugés 1) le travail des élèves, 2) celui des professeurs, 3) le comportement des parents. Être parent est difficile, mais enseignant aussi. Il est bon d'apprendre à se connaître.
Autour d'une grande table sont réunis les professeurs, le chef d'établissement ou son adjoint, le conseiller d'éducation, le conseiller d'orientation, deux parents, deux élèves et parfois l'assistante sociale, en tout une vingtaine de personnes.
La secrétaire apporte les grands registres. L'instant est solennel. De nos jours, pour sacrifier au progrès, la lecture des bulletins se fait parfois au moyen d'un vidéo-projecteur. Pour le mauvais élève, la honte est étalée sur grand écran.
Le défilé des notes et appréciations commence. Pour les bons élèves, l'examen est vite expédié : « Excellent ! » Le mot *élève* n'est même pas prononcé. Excellent, excellent, excellent. Ils sont gratifiés d'un regard bienveillant. Certains élèves traversent toute leur scolarité sans qu'on n'ait jamais passé plus de quelques secondes sur chacun de leurs bulletins.

Bienheureux soient-ils ! Même s'ils trouvent injuste de n'être reconnus qu'en coup de vent.

Mais les autres ! Ils sont mis tout nus sur la place publique. Les professeurs, non contents de juger leur travail, passent ces pauvres élèves au laminoir.

L'accusation : « Il ne s'intéresse à rien, ne comprend rien, n'a pas de volonté. Que vient-il faire dans cette classe ? »

Et encore, ils se limitent devant les parents ! On préfère ne pas entendre ce qu'ils ont dit préalablement en conseil de professeurs.

La défense – au milieu de ce concert de réprobations, il se trouve toujours un enseignant pour venir au secours du malheureux enfant.

– Il est intelligent, dit l'un.

– Alors, qu'il le prouve ! répond un autre.

Quelquefois, l'échange tourne à l'altercation entre professeurs qui ne s'aiment pas ou ne partagent pas les mêmes conceptions pédagogiques. On en oublie l'examen du dossier de l'enfant. Le conseiller d'éducation vient à la rescousse :

– Il a des circonstances atténuantes en raison de problèmes familiaux.

Le chef d'établissement glisse rapidement pour que personne n'ait le temps de demander de quels problèmes il s'agit. Si c'est le décès de la grand-mère, passe encore, mais s'il est question de divorce ou de chômage, les précisions sont à éviter.

Revenons au cas de notre petit précoce. Il est délégué de classe, mais il s'est fait remplacer par son suppléant. Point n'est besoin d'être devin pour savoir que de vilains jugements vont être portés sur lui et il n'a pas envie de les entendre.

Son intelligence est presque unanimement reconnue, parce

qu'il a parfois répondu à des questions difficiles, alors que la classe entière restait sans voix. C'est généralement cette réaction qui « interpelle » l'enseignant. Mais comme très rapidement il retombe dans son mutisme, les professeurs lui en veulent doublement. Il pourrait, il ne veut pas. C'est sans doute le pire reproche qu'on puisse lui faire. Dans la classe, des enfants (peu) travaillent avec acharnement pour peu de rendement, et lui qui n'aurait pas de gros efforts à fournir ne fait rien. C'est injuste, immoral.

Après ce préambule, il a droit à une salve de critiques acerbes dont on pourrait faire une anthologie. Rien ne lui est épargné. À la décharge des professeurs, il faut bien reconnaître que peu d'éléments positifs se dégagent du travail de cet élève totalement démotivé.

Le principal fait un tour de table. Vu les notes et les appréciations, rien ne va plus.

Sa mère, qui avait eu l'imprudence, en début d'année, d'accepter d'être déléguée de parents, ne veut pas intercéder, de peur d'envenimer le débat. À la moindre observation qu'elle ferait, elle sait bien qu'elle serait rappelée à l'ordre : elle est là pour défendre tous les enfants – excepté le sien. On lui en demande beaucoup, beaucoup trop. Elle se sent devenir rouge, la colère monte en elle et elle se jure qu'au prochain conseil, elle fera comme son fils, elle ne viendra pas. Elle est près de l'explosion.

Avant qu'elle n'éclate, le professeur de mathématiques, qui l'observe depuis un moment, intervient, et ses paroles sont un baume pour cette pauvre mère crucifiée :

– Cet enfant est d'une intelligence très supérieure. Son problème n'est pas scolaire. Il peut avoir 20 comme zéro. Tout dépend s'il fait son contrôle ou s'il ne le fait pas. Il ne montre jamais aucune excitation intellectuelle : tout est trop facile pour lui. L'évaluer à l'aune des autres est un non-sens.

Classe de 6ème

BULLETIN du 2ème TRIMESTRE

Discipline	Note	Appréciations
Français : Expression écrite Explication de textes Orthographe Grammaire	8 0 20 9	Manque de concentration, d'attention et d'application. Devoirs non rendus.
Latin		
Mathématiques	2 - 0 - 18 - 4 - 20	Que dire !
Sciences physiques	9	Ne s'intéresse pas et pourtant, par moments, quelques bonnes réponses !
LVI écrit oral	15 ?	Ne participe pas - Rêvasse.
Histoire-Géo	2	Ne suit pas, ne fait rien.
Instruction civique	5	Les leçons ne sont pas apprises.
SVT	8	Il serait bon qu'il sorte de son mutisme.
Technologie	7	Maladroit.
Arts plastiques	6	Ne respecte aucune consigne.
Éducation musicale	7	Ne s'intéresse pas.
Éducation physique et sportive	10	Fait rarement ce qu'on lui demande, ne s'implique pas.

Appréciation globale :

Aucun travail, aucun intérêt - Aucune bonne volonté - Le 3ème trimestre sera déterminant.

ON NE FAISAIT RIEN DE MAL ON JOUAIT AU DOCTEUR ÈS LETTRES
PIEM

Et cela recommence :
— S'il mettait un peu de bonne volonté, pensez-vous que son intelligence très supérieure en souffrirait ?
Pour en finir, le chef d'établissement propose un avertissement : « le troisième trimestre sera déterminant ». Ce qui revient à dire : redoublement de la sixième envisagé. À deux exceptions près, le professeur de mathématiques et celui de musique, l'avertissement est approuvé.

La sortie du tunnel

Un incident fortuit va sauver l'enfant précoce en voie de perdition en sixième.
Il ne supporte pas l'injustice. Un de ses camarades est accusé à tort d'un méfait qu'il n'a pas commis.
Utilisant le mandat de délégué de classe qu'il n'avait pas brigué, il vole à son secours et trouve, pour le défendre, des accents dont on ne l'aurait pas cru capable. Tout à coup, sa verve est revenue, tant et si bien que l'élève accusé est reconnu innocent.
Lui vient de trouver une vocation nouvelle : il entre en rébellion.
Il devient le justicier, le redresseur de torts. À 10 ans, il se découvre l'âme d'un syndicaliste. Il veut tout réformer. Il cherche à entraîner dans son combat les autres élèves qui, prudents, se gardent bien de le suivre. Les professeurs, à quelques exceptions près, en ont vite assez de lui.
Renonçant alors au dialogue revendicatif, il établit un cahier des charges qu'il présente au conseil d'administration. On lui fait observer qu'il ferait mieux de travailler que de vouloir refaire le monde.

En huit jours, motivé à l'extrême, il devient le meilleur élève de la classe.

Dans la foulée, il écrit une charte sur ce que devraient être le système éducatif et les droits des élèves ; soulignant particulièrement le respect qui devrait leur être dû, il garde sa diatribe la plus virulente pour les professeurs, plus soucieux, selon lui, de leur confort que de l'intérêt des élèves.

La charge est si forte qu'il se retrouve devant le conseil de discipline, ce qui, loin de le calmer, le déchaîne. Il apostrophe les professeurs, les parents, le principal. Les deux élèves, représentants au conseil, ne savent plus où se mettre. Le résultat ne se fait pas attendre : il est renvoyé huit jours et il ne sera pas repris au collège l'année suivante.

JE L'AVAIS POURTANT PRÉVENU : SOYEZ SUR VOS GARDES, QUAND SERA VENU LE TEMPS DE LA RÉCRÉATION, LUI AI-JE DIT, IL SE POURRAIT QUE VOUS FUSSIEZ L'OBJET DE MON VIOLENT COURROUX ET QUE VOUS LE REGRETTASSIEZ
PIEM

La rébellion et la psy
pour la énième fois

La rébellion ne s'arrête pas aux portes du collège. Il l'emmène partout avec lui désormais. Les parents voudraient bien pratiquer la concertation, mais pour un oui, pour un non, il entre dans des rages meurtrières. Les portes claquent, son vocabulaire s'est encore enrichi de propos violents et grossiers qu'il profère avec force. Le tout se termine parfois par des crises de larmes ou des déclarations du genre : « Je veux mourir. »
La psychologue, qui soigne maintenant toute la famille, explique qu'il s'agit là d'un « début de crise d'adolescence » difficile à maîtriser. Il a 10 ans d'âge réel, mais au moins 16 ans d'âge mental. Il est constamment écartelé.
Les parents ne retiennent qu'une chose : c'est le « début » de la crise d'adolescence. Seigneur, que sera alors le cœur de la crise ?
Tout enfant a besoin de limites. Sans repères, il ne peut pas vivre en société. Mais la psychologue leur a appris qu'aucun enfant précoce ne peut s'épanouir s'il reçoit une éducation trop stricte. Il peut accepter des règles à condition qu'il en comprenne la nécessité. Et expliquer le pourquoi de chaque action de la vie quotidienne est usant et inutile. Donc, il faut

lâcher du lest pour tout ce qui a une importance secondaire et ne met pas sa vie en danger, et ne rester ferme que sur les grands principes.

En conséquence (si on va voir un psy, c'est pour suivre ses conseils), les parents décident de baliser le terrain. Il va falloir apprendre à déterminer les règles négociables et celles qui ne le sont pas – la frontière n'est pas toujours évidente –, et s'armer de patience.

Heureusement, ces parents s'aiment, ils sentent qu'ils ne seront pas trop de deux pour affronter l'épreuve.

La rébellion prend les formes les plus diverses. Après les éclats vocaux, les parents affligés assistent à la rébellion vestimentaire. La mode est aux jeans troués et effrangés, aux vastes tee-shirts, à la superposition de pulls aux couleurs criardes qui lui donne des airs de perroquet, aux cheveux trop longs. On ne peut pas se retenir de faire quelques réflexions du type : « Ne penses-tu pas qu'il serait temps d'aller chez le coiffeur ? » Une remarque de trop : le lendemain, il revient le crâne rasé. Il a tout d'un bagnard.

Il devient impertinent, ironise, tourne tout en dérision et, nouveauté, travestit les paroles, les interprète à sa façon, corrige ses parents sur l'emploi des mots ou des tournures familières. Quand il ne jure pas, il s'applique à parler en langage écrit. Tous les terrains sont minés.

Intuitivement, il a compris les nouvelles règles. Il a fait le tri. Il a deviné ce sur quoi les parents ne céderont pas. Les interdits, il ne les transgresse que rarement, mais, en compensation, il s'en donne à cœur joie pour le reste : il use et abuse des manquements tolérés.

Déjà tout petit, il faisait preuve d'humour. Il a un stock de petites histoires drôles. Mais depuis « le début de la crise », l'humour est devenu corrosif et tout le monde en fait les frais. Mieux vaut ne pas servir de modèle à ses caricatures. La situation se gâte lorsqu'il attaque le registre des provocations.

On sait où il commence, mais jamais jusqu'où il va aller. Récemment, un leitmotiv est apparu dans son discours : « J'ai besoin de liberté ! » Le père, outré par ses revendications, se demande qui a le plus besoin de liberté : le fils ou le père ?
Ce gosse raisonne comme un adolescent de 16 ans, mais il n'en a que 10. Et ce qui lui sera volontiers accordé quand il aura 16 ans d'âge réel ne peut pas l'être aujourd'hui. L'éducation doit conduire à l'autonomie. La plante, quand elle commence à pousser, a besoin d'un tuteur pour la soutenir, la protéger du vent et des intempéries. Elle a besoin d'engrais et de soins attentifs, jusqu'au moment où elle est assez forte pour que le tuteur puisse être retiré. Il en va de même pour l'enfant. Retirer le tuteur à un enfant de 10 ans, c'est l'exposer à des risques qu'il n'est pas en âge d'affronter et lui donner une liberté qu'il n'est pas en état d'assumer. Toute la difficulté est là.

Une chance, les vacances approchent. Cette année, compte tenu de l'atmosphère, les visites en famille dans les musées, les excursions, c'est exclu. Trop de tensions. Le choix se porte sur un club de vacances. On va la lui donner, la liberté ! Le club est vaste. Les animations encadrées par les G.O. sont nombreuses. Les enfants n'auront qu'à choisir : sport, théâtre, danse... Avantage, ils seront au milieu d'autres enfants pour des activités où ils ne seront pas nécessairement les meilleurs. Ça leur fera du bien ! Et, autre avantage non négligeable : point ne sera besoin de s'occuper d'eux. Les parents aussi seront libres.
Reste l'épineux problème de la scolarisation l'an prochain.

La délocalisation

Aux grands maux, les grands remèdes : puisqu'il faut le changer de collège, autant en trouver un dont l'enseignement soit adapté aux enfants intellectuellement précoces (I.P.).
Un soir, on sort tous les documents des associations mentionnant les collèges comportant des classes ouvertes aux enfants précoces, tous les guides, en particulier ceux qui recensent les collèges « pas comme les autres [1] ». On pèse le pour et le contre. On va se coucher dans l'indécision la plus complète. Les jours suivants, on recommence. Entre-temps, on a pris des avis : ils sont tous divergents, voire opposés.
« Ne le mettez pas dans une classe pour enfants précoces ! » Certains des conseillers crient à l'élitisme, d'autres signalent que l'enseignement dans ces classes n'est pas d'un bon niveau. Ghettos, mixité sociale, toutes les grandes théories défilent ! Autre dilemme : enseignement public, privé sous contrat, hors contrat ? Une décision est prise au sortir de ces quelques consultations : on ne demandera plus l'avis de personne et on fera comme on peut.

---

1. *Guide des écoles pas comme les autres*, Pierre Horay Éditeur, 1998-1999.

On étudie les différentes options raisonnables. Les écoles hors contrat sans contrôle des compétences des enseignants ni des contenus de l'enseignement sont écartées. Il en existe, paraît-il, une ou deux bonnes, mais comment savoir lesquelles ? De toute façon, c'est trop cher.
Un établissement privé sous contrat est libre de recruter les élèves de son choix. Avec le bulletin élogieux dont il va être gratifié en fin d'année, il ne faut pas y penser : il ne sera pas pris.
Un établissement public obéit aux règles du secteur scolaire et, toujours pour les mêmes raisons, il est inutile d'espérer d'un chef d'établissement un avis favorable pour une dérogation.
De solutions, il n'y en a presque pas.
En toute logique, il faudrait habiter juste à côté d'un collège public ayant une classe adaptée et ils sont si peu nombreux qu'on en a vite fait le tour.
Forts de cette analyse, les parents fixent leur choix sur le collège du Cèdre au Vésinet. Ils décident de déménager. Le père peut obtenir sa mutation pour Paris. Le Vésinet est bien desservi par le RER. Il faut trouver un logement. C'est une grande dépense d'énergie, de temps et d'argent, mais au point où on en est, il faut tout essayer. Et puis, pour les frères et sœurs, pour peu que les mêmes difficultés surgissent, le problème sera résolu.
Les parents épuisent de nombreux agents immobiliers. Ils remplissent des questionnaires où ils ne formulent qu'une seule exigence, apparemment difficile à satisfaire : à côté du collège. Cinq cents mètres plus loin, pour eux, c'est encore trop loin : on ne sait jamais.

Les dispositions matérielles étant réglées, les parents accompagnés du précoce se présentent au collège pour l'inscription, pas fiers mais confiants cependant, puisqu'ils ont loué un appartement dans un immeuble qui jouxte le collège. Côté secteur scolaire, ils sont parés.

Ils reçoivent un accueil bienveillant. Mais le moment vient où il faut présenter le bulletin. Excellent en ce qui concerne les notes, nettement moins bien sur le plan des appréciations. Le père ne peut s'empêcher de jeter un œil noir à son fils qui est en train de jouer les collégiens modèles. Le tartuffe ! On lui donnerait le bon Dieu sans confession. Mais, à tout prendre, c'est mieux ainsi. Pendant que la principale examine le bulletin, les parents se sentent de plus en plus gênés : ils voudraient bien être ailleurs. Quand elle a fini sa lecture, timidement, ils murmurent : « C'est un enfant précoce. » Elle a un regard compatissant.

Ouf, c'est fini. Ils se dirigent vers le secrétariat où ils produisent le justificatif de domicile, document dont ils se félicitent, et le bulletin, dont ils aimeraient bien ne plus entendre parler.

> Les choix, plus ou moins ouverts dans les lycées et universités, sont pratiquement inexistants en maternelle et en primaire, et très limités au collège. Les rigidités du système bloquent les différentes possibilités théoriques à la disposition des parents, d'autant qu'elles sont parfois renforcées par les autorités hiérarchiques locales.
> Un enfant doit aller dans l'établissement du **secteur scolaire** de son domicile. Les promesses électorales sur le choix de l'école par les parents ne sont jamais tenues. Les possibilités de dérogation sont restreintes.
> Quel est le parent qui n'a pas un jour buté sur l'interdiction d'inscrire son enfant dans l'établissement de son choix ?
> L'administration ne veut pas privilégier un établissement par rapport à un autre. Si un collège ou un lycée attire trop d'élèves, c'est au détriment des autres qui se vident. De plus, la mixité sociale n'y trouverait pas son compte. Il est recommandé aux inspecteurs d'académie « un examen attentif des demandes de dérogation, une interdiction absolue de toute concurrence entre établissements ».

Alors, que font les parents avertis ? C'est une erreur de croire qu'ils puissent être contraints à faire ce qu'ils ne veulent pas.

Ils ont recours à maintes astuces : choix d'une option n'existant pas dans le collège du secteur, repérage d'une école en perte d'effectifs au niveau souhaité, déménagement, installation d'une ligne téléphonique chez des parents ou amis habitant dans le secteur pour le justificatif de domicile, achat d'une chambre de bonne pour l'adresse (ce qui oblige l'enfant à mentir et le rend malheureux), ou plus simplement inscription dans un établissement privé sous contrat qui n'est pas soumis aux mêmes règles de sectorisation.

Pour éviter le collège et le lycée publics à deux vitesses, on a l'enseignement public gratuit et l'enseignement privé payant à deux vitesses.

Quelques lycées parisiens échappent plus ou moins à la règle du secteur scolaire. Encore faut-il connaître le mode d'emploi pour y entrer en seconde.

Quoi qu'il en soit, la décision d'un déménagement pour cause de précocité de l'enfant doit être prise raisonnablement.

Si une mère quitte son foyer pour accompagner son enfant et lui permettre d'intégrer un établissement scolaire dont l'enseignement est adapté, c'est au détriment de la vie familiale et ce n'est évidemment pas bon. Abandonner le mari comporte des risques. Loin des yeux, loin du cœur ! Et que vont penser les frères et sœurs de cet éloignement ? De plus, si tous ces bouleversements sont suivis d'un échec scolaire de l'enfant, il éprouvera un sentiment de culpabilité. La pression sera trop forte et sa santé s'en ressentira. Il aura également ce sentiment de responsabilité si toute la famille déménage à cause de lui et qu'elle ne retrouve pas les conditions de vie équivalentes sur le plan de l'emploi ou du logement. Habiter à Lyon ou à Carcassonne peut avoir autant d'agrément. Mais un déménagement ne s'improvise pas.

IL N'ACCEPTE DE SE RENDRE QU'EN ÉCHANGE DES ŒUVRES COMPLÈTES DE GIDE DANS LA COLLECTION LA PLÉIADE
PIEM

Classe de 6ème

BULLETIN du 3ème TRIMESTRE

Discipline	Note	Appréciations
Français : Expression écrite Explication de textes Orthographe Grammaire	16 18 20 20	Les résultats sont excellents, mais contestation permanente. Réussit sans rien faire.
Latin		
Mathématiques	19	Excellent - Mais dilettante.
Sciences physiques	19	Expédie trop vite son travail - Mauvaise présentation du cahier.
LV1	17	Excellent niveau - trop d'interventions intempestives cependant.
Histoire-Géo	14	Bon trimestre.
Instruction civique	19	Excellent.
SVT	17	On n'entend que lui !
Technologie	15	C'est mieux - Perturbateur.
Arts plastiques	16	Original - Créatif.
Éducation musicale	18	Excellent.
Éducation physique et sportive	18	Dynamique - Trop, même !

Appréciation globale :

Changement spectaculaire sur le plan des résultats scolaires. Mais doit apprendre à se maîtriser. Un changement d'établissement est recommandé.

La passion et l'école parallèle

Le frère et la sœur s'instruisent parallèlement à l'école. Ils fréquentent la bibliothèque municipale et dévorent des livres sur des sujets sans cesse plus nombreux et plus variés. Ils regardent, à la télévision, des films qui font vibrer leur sensibilité, des émissions historiques, des reportages (mais aussi des dessins animés) et surfent sur Internet. Ils disposent d'une vaste culture familiale, faisant leurs les intérêts de leurs parents. Partout ils glanent des informations de nature à nourrir leur envie de tout connaître du monde. Ils les engrangent et, si jeunes, leurs connaissances sont déjà étonnantes.
Les passions naissent au hasard des rencontres et la vie peut s'en trouver modifiée. C'est l'arrivée d'un merle dans la maison qui va mobiliser les forces du précoce et permettre à la famille de retrouver sa sérénité. L'enfant est devenu sage comme une image du jour où il a recueilli un merle blessé qu'il a soigné, guéri et nommé César.
Finis la dépression, la boulimie et les ongles rongés ! Finie la rébellion ! Il a installé dans sa chambre une volière. César supporte mal les barreaux de prison d'une cage. Il faut le laisser vaquer librement à travers la maison, ce qui n'est pas

sans causer quelques désagréments. Un merle a le bec dur, les pattes griffues : lorsqu'ils font l'objet des amitiés de César, qui vient se percher sur leurs épaules, les invités, eux, ne se sentent pas vraiment à l'aise ; ils pensent aux oiseaux d'Hitchcock. Les parents remarquent que leurs invitations ne semblent plus très prisées.
Dans le regard des amis, il est facile de lire la réprobation. Les oncles et tantes ne se gênent pas pour exprimer leur point de vue. Est-ce une façon d'élever un enfant de céder à tous ses caprices ?
Qu'importe l'opinion des autres ! Ses parents sont tellement heureux que leur précoce ait retrouvé son enthousiasme et sa gentillesse qu'ils acceptent ces contraintes, espérant néanmoins que bientôt il se tournera vers d'autres intérêts. (Ils aimeraient bien savoir quelle est la longévité d'un merle.)
L'enfant a fait une gravure de César et c'est son cadeau en toutes circonstances : fête des mères, des pères, et anniversaires.

Pour l'heure, il s'est inscrit à une société d'ornithologie. Différentes sortes d'oiseaux ont été logées dans la volière désertée par César. Il les observe avec enchantement, les nourrit, les soigne, nettoie leur cage. Il s'est procuré une foule de livres et est incollable sur les mœurs des espèces qu'il héberge. Il est devenu un savant ornithologue très apprécié dans son club, dont il est le seul enfant.
Il guette les films en relation avec sa passion. *Le Prisonnier d'Alcatraz*, qui raconte la belle histoire d'amitié entre un oiseau venu se poser dans la cour d'une prison et un prisonnier, l'a bouleversé. Maintenant, c'est vers le cinéma qu'il se tourne. Sa prédilection se porte sur les films d'animaux et d'enfants, surtout s'ils sont émouvants (tout ce qui parle

au cœur le touche). Va-t-il être, plus tard, un historien du septième art ?

Depuis qu'il a retrouvé le goût de l'étude, il est redevenu boulimique de connaissances. Il faut agrandir la bibliothèque pour recevoir tous les livres qui entrent dans la maison, y compris les B.D. Il reprend les visites au Louvre.

Sa sœur, elle, sait tout sur les otaries et se passionne pour la stratégie des campagnes napoléoniennes. Cette enfant est vraiment adorable. Elle est férue de thèmes qui ne nécessitent pas d'aménagements spéciaux dans la maison. Où mettrait-on une otarie ?

Elle a toujours été plus facile que son frère.

> Dans *Pouvoir illimité*, Anthony Robbins dit de la **passion** qu'elle donne « l'énergie nécessaire pour capter (son) vrai potentiel ». Elle est la condition de toute réussite d'importance. Elle entretient la flamme, elle donne la force de créer, de persévérer, de surmonter les échecs, de les transcender.
> Les enfants précoces sont particulièrement acharnés à réussir quand ils sont motivés. Ils auraient même tendance à devenir spécialistes dans leur domaine de prédilection. Les enseignants et les parents ont parfois du mal à les modérer pour sauver une culture qui ne soit pas trop tôt centrée sur un seul sujet.
> Il faut veiller à ce que les enfants n'en oublient pas le boire et le manger, à ce que leur enthousiasme n'empiète pas trop sur leur sommeil. Mais prenons garde de ne pas les décourager : tant qu'un enfant est passionné, il est à l'abri de la dépression.

La rentrée dans une classe d'enfants précoces

Blasé par le système scolaire dont il n'attend plus rien, il se présente au collège sans espoir. Simplement, il s'est engagé envers ses parents à ne plus s'occuper de la veuve et de l'orphelin, à s'instruire ailleurs qu'à l'école quand le besoin impérieux s'en fera sentir, mais surtout, surtout, à ne plus se faire remarquer pour ne plus être renvoyé. Et, cerise sur le gâteau, s'il pouvait s'intéresser aux cours, toute la famille lui en serait reconnaissante.
Si on l'avait écouté, il serait resté à la maison et il aurait suivi des cours par correspondance. Mais tout le monde sait que les parents manquent de bon sens quand il s'agit d'éducation.
Il entre en cinquième et rejoint des élèves, tous précoces, qui sont ensemble depuis la sixième. Sera-t-il accueilli comme un intrus ? Il se pose la question, mais sans appréhension. Il s'est constitué, dans le domaine relationnel, une solide carapace.
En fait, il est accueilli normalement. Des enfants lui parlent, lui demandent où il était scolarisé l'année précédente, où il habite, quel sport il pratique. Se peut-il qu'enfin il ne soit plus rejeté ? Il est tout de même sur ses gardes.

Dès les premiers jours, il comprend qu'ici tout est différent. Le rythme d'apprentissage étant très rapide, le temps épargné est utilisé à l'approfondissement et à l'enrichissement des connaissances. Les élèves consacrent ce temps libre qui n'est plus gaspillé en répétitions inutiles à des recherches personnelles. Ils doivent faire preuve d'initiatives, d'idées originales. Les jeudis après-midi sont une révélation. Plus de tâches scolaires, plus de notes : des visites à la télévision, à la radio ou dans la rédaction d'un journal. Dans les coulisses, on découvre comment se fait une émission, un film, un reportage. On fait des interviews de gens célèbres. Entrer en contact avec eux est relativement facile. Il y a, en tout homme, une veine pédagogique qu'il faut savoir exploiter.
Et puis il y a les jeux mathématiques, les séances de théâtre, l'initiation au bridge, aux échecs. Chacun choisit selon ses goûts.
On attend de lui du rendement, du travail en équipe. On cultive l'effort. Il faut se plier parfois à plus de rigueur – l'intuition, bien que respectée, ne suffit plus –, apprendre à canaliser son enthousiasme, à écouter les autres, à communiquer.
C'est une bonne année. Il a des copains, il étudie souvent avec plaisir, bien qu'au début il ait eu du mal à se faire à l'idée qu'il n'était plus le premier et que le succès ne venait plus tout seul. Mais, stimulé par le climat ambiant, il réussit aussi bien que les autres.
Il s'est calmé et les professeurs ne le traitent plus différemment.
Le premier bulletin plonge la famille dans le bonheur.

Classe de 5ème

BULLETIN du 1er TRIMESTRE

Discipline	Note	Appréciations
Français : Expression écrite Explication de textes Orthographe Grammaire	17 19 20 20	Finesse littéraire - Aisance, humour - Enfant cultivé qui utilise à bon escient ses vastes connaissances.
Latin	20	Excellent.
Mathématiques	20	Excellent - Intuitif et logique.
Sciences physiques	19	Excellent.
LV1 écrit oral	18	Excellent - Quelle aisance !
Histoire-Géo	19	Intéressé - S'investit totalement dans l'étude - Goût pour l'approfondissement.
Instruction civique	18	Culture étonnante pour un enfant de cet âge.
SVT	17	« Savant ».
Technologie	17	C'est très bien.
Arts plastiques	18	Très créatif - A le sens du beau.
Éducation musicale	17	Excellent.
Éducation physique et sportive	19	Excellent - Bon esprit d'équipe.

Appréciation globale :

        Excellent à tous points de vue.

Les concours

Les professeurs du collège font connaître à leurs élèves les différents concours organisés par l'Éducation nationale ou par des organismes privés et les incitent à s'y présenter. Ces concours nationaux ou locaux sont ouverts à tous les élèves, mais les « intellectuellement précoces » (I.P.) y ont des résultats particulièrement brillants et sont souvent classés dans les premiers : concours d'orthographe, de nouvelles littéraires, de poésie, concours Kangourou pour les mathématiques, olympiades de chimie pour les lycées, concours de la Résistance... Des prix sont distribués pour récompenser les lauréats. Les I.P. adorent la compétition, même gratuite, mais une gratification est très stimulante.

C'est ainsi que notre précoce, ayant participé au concours Kangourou (maths), vient de remporter le premier prix dans sa catégorie (6e-5e), premier sur 135 000. Le prix est un voyage de dix jours en Égypte, pour lui et un accompagnateur. Descente du Nil du Caire à Abou Simbel, en passant par Louxor et Assouan. C'est son père qui l'accompagnera. Ce sera à la fois un rêve réalisé et l'occasion pour le père et le fils de mieux se connaître.

CONCOURS GENERAL
ALORS! CONTENT ?
JE VOUDRAIS QU'ON M'APPELLE LE ZIZOU ZIDANE DE LA CULTURE
PIEM

Autant dire que notre précoce n'est pas près de cesser de faire le plus de concours possible. Et pour les réussir, il faut travailler, s'informer, consulter des documents, interroger des spécialistes ! Que de beaux jours en perspective !
Ainsi passent les dernières années de collège.
Les parents en sont tout ébaubis ! C'est la grande période d'accalmie. On l'a échappé belle !

> Quels sont les points sur lesquels orienter la **pédagogie pour enfants précoces** ?
> Connaître les particularités des enfants précoces, c'est la moitié du chemin. Il appartient à l'enseignant de s'appuyer sur ses qualités à cultiver, et ses défauts à corriger. Un enfant intéressé pendant le cours est très concentré et il n'a aucun effort à fournir pour s'instruire. Le soir à la maison, il peut faire ses devoirs en quelques minutes. Mais quand les notions à acquérir deviennent plus complexes, le travail doit venir compléter ses facilités.
> Que fait l'athlète ? Aussi doué soit-il, il doit pratiquer un dur entraînement. Il en va de même pour l'enfant intellectuellement précoce, avec cet avantage que l'effort personnel ne le fera pas souffrir, mais au contraire lui procurera du plaisir. L'**éducation à l'effort personnel** évitera qu'il se perde en chemin, facilitera son épanouissement.
> Pour préparer l'avenir et la compétition qui attend tout être humain dans la vie professionnelle, l'éducation consiste à donner à l'enfant le moyen de s'intégrer dans la société où il est appelé à vivre. Dans la vie d'adulte, la réussite sans efforts, sans travail, sans persévérance, n'existe pas.
> Intuitif, l'enfant précoce trouve des solutions aux différents problèmes sans savoir comment son esprit le conduit à cet aboutissement. Il a dans la tête les éléments qui s'assemblent d'eux-mêmes et comme malgré lui.
> Un jeune enfant construit instinctivement un puzzle de cent pièces. Lorsque, devenu plus grand, il entreprend des puzzles de trois mille ou cinq mille pièces, son intuition ne lui suffit plus. Il doit catégoriser, mettre les pièces selon les formes d'un côté, selon les couleurs de l'autre, il doit observer le modèle. Bref, il doit procéder avec ordre et méthode. En prévision du moment où l'enfant ne pourra plus se fier uniquement à son intuition,

l'enseignant doit l'aider à acquérir l'outil qui le suivra dans la vie : la **méthode**. Mais il doit également veiller à ne pas tarir en lui cette miraculeuse intuition : garder un temps pour la rigueur et un temps pour la liberté.

L'enfant précoce sera appelé à travailler en équipe, c'est-à-dire à communiquer et à négocier. Il est très difficile pour lui de renoncer, dans un débat, à ses convictions. Il est entier, sûr de lui. Il a tant de choses à dire qu'il n'écoute pas les autres. Un travers lui est spécifique : il commence à répondre avant que son interlocuteur n'ait terminé de poser sa question. Il arrive aux conclusions d'une leçon bien avant que le professeur ait fini les explications. C'est exaspérant. Le canaliser, l'**éduquer à l'écoute** est une démarche qui facilitera ses rapports avec ses pairs.

Il a d'autre part un **esprit critique** très développé. Intelligent, il perçoit aisément les failles d'une situation ou d'un comportement. Mais il peut aussi en percevoir les beautés. L'enseignant doit l'entraîner sur ce terrain et l'aider à refréner ses envies de descendre en flèche ce qu'il n'apprécie pas.

Le système éducatif ne laisse pas une grande part à la **créativité**, à l'originalité (Albert Jacquart reproche même aux classes préparatoires aux grande écoles d'annihiler cette aptitude en astreignant les étudiants à tous entrer dans le même carcan).

L'enfant précoce doit avoir du temps pour faire ce dont il a envie, pour jouer, pour rêver, pour laisser courir son imagination. Une trop grande accélération du cursus scolaire le conduirait à bachoter et le priverait de cet espace de liberté auquel tout enfant a droit.

Dans un système scolaire bien pensé, une part devrait être réservée aux activités d'approfondissement et d'enrichissement pour pallier l'uniformité d'un programme trop succinct.

L'enfant précoce a un rythme d'apprentissage très rapide qui lui laisse du temps pour aller au-delà des notions de base enseignées au collège.

Quelle différence y a-t-il entre l'approfondissement et l'enrichissement ? On approfondit lorsque, au lieu de survoler un sujet, on cherche des sources et des documents pour étoffer l'étude. On enrichit lorsqu'on ajoute au programme d'autres domaines : l'astronomie, l'informatique, l'aquariophilie, le théâtre... Ces activités pratiquées à l'école permettraient à des enfants de milieu défavorisé d'y avoir accès.

Les professeurs qui enseignent dans ces classes depuis plusieurs années ont mis au point des méthodes pédagogiques adaptées. Ils écrivent des ouvrages et font profiter de leur expérience les collègues qui cherchent à se former.

Pour le précoce, l'étude bien faite est source de plaisir. Aidons-le à entretenir ce plaisir.

Le reportage télévisé

Souvent invités par les différentes chaînes pour des reportages, les parents ont accepté de témoigner, mais refusé que leur fils soit filmé tant qu'il n'irait pas bien, pensant qu'à son retour en classe, le lendemain de la diffusion, il serait l'objet de tous les quolibets – ce qui ne ferait que renforcer son exclusion et son mal-être. Mais maintenant qu'il a trouvé ses marques, les sollicitations des journalistes et des associations se faisant de plus en plus pressantes, ils se rendent aux arguments avancés et n'ont plus les mêmes raisons de s'y opposer. Peu de collèges font un effort pour les enfants précoces, alors il faut les faire connaître et indiquer qu'il est possible d'apporter des solutions scolaires. Il faut sortir du bois : un enfant doué n'est pas nécessairement un enfant heureux, ni forcément un bon élève. Mais, respecté dans son rythme d'apprentissage et dans ses intérêts intellectuels, il peut le devenir. Aux enfants d'aider à le faire savoir.
Les parents choisissent une émission de grande écoute en *prime time* – et dire qu'un ministre avait souhaité interdire les anglicismes ! Ils reçoivent longuement les journalistes pour établir un protocole d'accord sur les modalités du tournage, et participent au travail préalable de l'émission. Les

enfants seront suivis dans tous les aspects de leur vie. En famille, à la maison, à l'école, pendant les activités extrascolaires. Il faut prévoir deux jours pleins de prise de vues. Les journalistes se chargent des formalités auprès de la principale du collège. Quelques professeurs ayant donné leur accord pour être filmés pendant leurs cours, le programme paraît bien enclenché.
C'est sans compter avec l'école de la fille. À l'école primaire, la directrice doit, pour toute chose, demander l'autorisation à son inspecteur de l'Éducation nationale, qui doit en référer à l'inspecteur d'académie en résidence, qui ouvre le parapluie en s'adressant au rectorat. Les demandes d'explications et les objections pleuvent en chapelet et en continu.
C'est si compliqué qu'on ne tournera pas dans l'école de la fille – on concentrera le reportage sur le collège.
Un matin, l'équipe arrive. Les projecteurs sont installés, la caméra fixée, la perche du micro prête. Les cadrages sont repérés. Des camarades de classe sont invités pour que l'ambiance soit plus vivante. Les journalistes sont gentils et très souvent parents d'enfants précoces, c'est la raison de leur intérêt pour le sujet. Au début, les enfants sont intimidés et, le premier moment passé, excités. C'est le petit déjeuner, le déjeuner, les jeux, les devoirs. Il faut marcher, s'asseoir, courir dans le jardin, faire visiter la chambre, montrer la bibliothèque, l'ordinateur. Le tout suscite bonne humeur et gaîté. L'atmosphère redevient calme lorsque commencent les entretiens. L'anxiété est présente. L'enfant précoce doit se raconter et il n'aime pas cela. Les parents aussi sont mis sur le gril.
Puis, c'est le départ vers le collège. La cour de récréation, les salles de classe, les ateliers, le stade. L'enfant est filmé avec ses camarades dans toutes ses activités scolaires. Très vite, il oublie la caméra, et les prises de vues n'en sont que plus animées.

Sur les deux jours de tournage, il ne restera qu'une heure trente à deux heures, interviews des experts sur le plateau comprises. C'est dire combien sont nombreuses les séquences qui disparaissent. Tous ceux qui ont participé et qui sont coupés sont déçus et les passages retenus ne sont pas toujours ceux souhaités par les intervenants. Mais les reportages sont bons et intéressent de plus en plus de monde.
Tout le collège attend l'émission avec impatience. En général, elle est diffusée à la date prévue, mais des événements importants peuvent venir bouleverser le planning et il arrive qu'elle soit transmise un jour où personne ne l'attend et où seuls quelques téléspectateurs tombent dessus par hasard.
De ce tournage, et des studios de télévision où ils ont été invités, les enfants gardent un bon souvenir.
Ayant appris par la presse que la principale du collège allait être interviewée sur le plateau, le conseiller technique du ministre l'invite au ministère et, au cours d'un entretien feutré, lui recommande d'être « prudente ». Cette remarque appellerait des explications : qu'entendez-vous par « prudente » ? Mais, pour la principale, initiée aux rites et surtout au langage administratif des autorités hiérarchiques, point n'est besoin d'éclaircissements. C'est très clair. Elle rassure son interlocuteur : elle a été prudente, c'est-à-dire qu'elle n'a pas torpillé l'institution.
C'est ainsi que le ministère apprend que l'émission est déjà en boîte.

La fratrie a grandi

Accalmie pour lui et sa sœur, mais la fratrie pousse et c'est affectivement que maintenant il faut faire front.
Le petit dernier, lui aussi précoce, est malmené en classe. À la différence de ses aînés, il ne sait pas se faire une raison. Et comme la mère est épuisée par tous ces combats successifs, qu'elle lui est plus attachée parce qu'elle le sent plus vulnérable, elle ne cherche plus à faire la part des choses et lui donne raison en toute occasion. Du point de vue éducatif, ce n'est pas à proprement parler une bonne méthode.
Elle le défend bec et ongles. Puisque les enseignants ne le supportent pas, le ridiculisent, le collent au fond de la classe face au mur seul sur sa chaise, que les autres enfants le battent, crachent sur lui, qu'elle le sent complètement détruit, elle accepte pour lui ce qu'elle a refusé pour les autres : elle décide de le retirer de l'école où il n'apprend plus rien car plus rien ne rentre. Comment pourrait-il fixer son attention pendant les cours quand sa tête est trop pleine d'humiliations, et son cœur trop plein de chagrin ? Il fait un complet blocage.

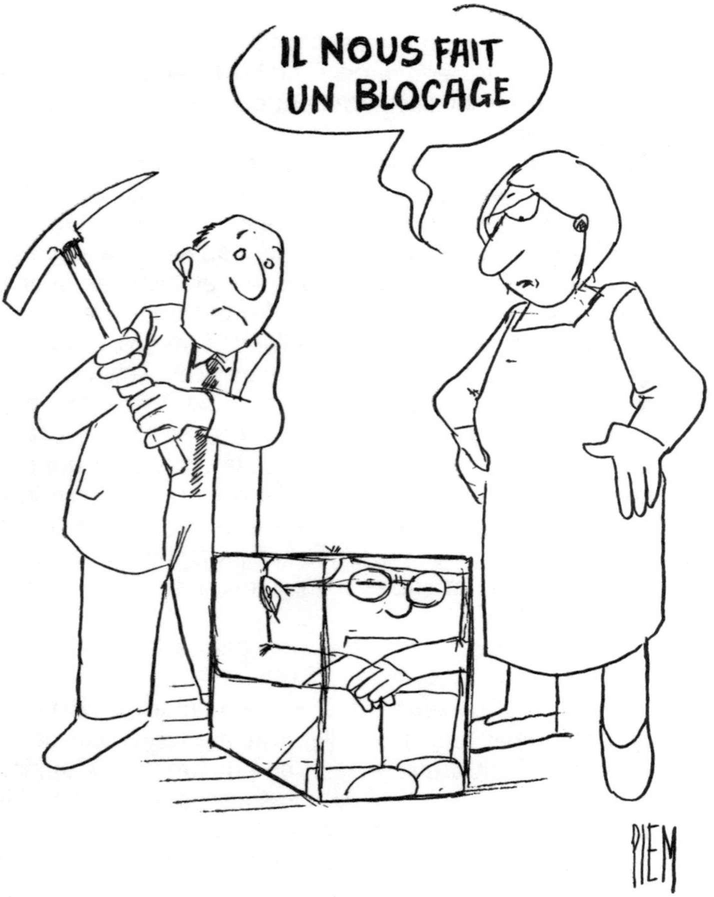
IL NOUS FAIT UN BLOCAGE
PIEM

Le système neuronal [1] peut être activé de manière à fonctionner positivement ou il peut être perturbé. Lorsque l'environnement est positif pour l'enfant, il permet l'activation en réseau à d'autres unités du cerveau et la connaissance s'étend. La valeur négative peut ralentir ou même bloquer l'influx. Lorsqu'une situation négative pour l'enfant prédomine, elle contamine le système d'activation et c'est l'**inhibition**, c'est-à-dire la diminution de l'activité des neurones, ou le **blocage**, c'est-à-dire l'incapacité à réagir intellectuellement ou affectivement à une situation donnée.

L'effet porte non seulement sur ses connaissances, qui diminuent, mais aussi sur son système neuronal, qui est perturbé. En d'autres termes, lorsque l'enfant est dans une situation particulièrement pénible, qui empêche tout apprentissage, il est important, pour renverser ce processus, de rétablir chez lui une image valorisante et de redoubler d'efforts pour faire prévaloir les valeurs positives. Encouragements, félicitations, et surtout changement de climat s'imposent. Si, parmi cent échecs, une réussite se fait jour, elle seule doit être retenue. La pente est plus ou moins longue à remonter selon qu'on agit vite en ce sens ou qu'on laisse la situation perdurer. Un professeur qui dévalorise constamment un élève, un parent qui répète à son fils ou à sa fille qu'il ne fera jamais rien dans la vie, ne donnent aucune chance à l'enfant. Le professeur, on peut en changer, à condition de ne pas trop attendre. Les parents, pas. À eux d'en tirer les conséquences.

Le **blocage** peut n'être que ponctuel, à l'occasion d'un choc émotionnel.

La fiancée d'un étudiant à Polytechnique lui avait annoncé qu'elle rompait leurs fiançailles juste avant un cours de physique où il se rendait. Bouleversé, il ne put fixer son attention et ne retint aucun élément de ce cours, ce qui se conçoit aisément. Mais ce qui est surprenant, c'est que cet étudiant ne put jamais comprendre cette leçon. Il réessaya sans succès à maintes reprises. Il continua normalement ses études, acquis toutes les connaissances qui lui étaient enseignées, mais cette leçon, il ne la sut jamais, si forte est l'influence de l'affectivité sur l'apprentissage.

---

1. Michel Duyme, directeur de recherche au CNRS. Communication personnelle.

Désormais, le petit recevra son enseignement à la maison. (Sa mère en profite pour refaire ses études avec lui.) Les valeurs qu'il reçoit étant désormais toutes positives, très vite les neurones sont réactivés en réseaux de plus en plus denses et le voilà de nouveau ouvert à la connaissance.

Au coucher, c'est le moment privilégié où elle lui raconte de merveilleux récits sur les écrivains, les musiciens, les savants. « La veille au soir de ses 7 ans, Marcel Proust obtient de sa mère qu'elle lui fasse la lecture de *François le Champi* qu'il vient de recevoir en cadeau d'anniversaire. Exalté par le récit qui exacerbe sa sensibilité et par le bonheur de retenir sa mère à son côté, il reste éveillé toute la nuit à l'écouter. Cet épisode a marqué sa vie et a sans doute influencé sa vocation d'écrivain. » Quelle belle histoire ! Le lendemain, il demande à sa mère de lui lire *François le Champi*. Comme il se sent proche du petit Marcel ! Racontés par sa mère, Einstein, Mozart... font partie de sa vie. On est loin des tortues Ninjas.

Initié également à la musique, à la peinture, le petit dernier n'est plus seulement instruit, il devient érudit.

Alors commence une période idyllique pour toute la famille. L'aîné s'est calmé, la cadette est facile à vivre, et le benjamin et sa mère vivent un grand amour. Les liens que l'enfant tisse avec elle attestent de ce besoin qui ne le quittera jamais, de donner et de recevoir de l'amour. On baigne en plein Œdipe. Toute la famille est probablement, sans le savoir, dans l'œil du cyclone. Tant de calme n'est pas compatible avec une famille composée d'enfants précoces. Mais cela est une autre histoire.

Tout compte fait, c'est merveilleux d'avoir des enfants précoces.

> Il arrive que des enfants développent une phobie de l'école. Le matin, avant le départ, ce sont des pleurs, des maux de ventre,

des vomissements à l'idée de se retrouver en classe et dans la cour de récréation, parmi des élèves qui les maltraitent et dont ils sont les souffre-douleur. Dans ces cas extrêmes, les parents n'ont parfois pas d'autres solutions que de les soustraire à ces mauvais traitements. Mais **déscolariser un enfant** est une chose grave à laquelle il ne faut avoir recours qu'en dernier ressort. C'est accentuer sa marginalisation. Quand l'enfant n'apprend pas à se confronter aux autres, il ne se prépare pas à la vie en société. L'homme n'est pas un ermite. Si cette mesure exceptionnelle est prise, elle doit être limitée dans le temps, et la période pendant laquelle l'enfant se ressource au sein de sa famille peut être mise à profit pour préparer le retour à l'école par une psychothérapie.

L'avantage de l'enseignement à la maison est incontestable sur le plan intellectuel. Autrefois, les enfants des nobles étaient confiés à des précepteurs et les anecdotes sur les prouesses de ces enfants nous laissent rêveurs.

Mais sur le plan relationnel, c'est un gros inconvénient : le fossé avec les autres camarades s'en trouve élargi. Il n'est déjà pas facile pour un enfant précoce de se faire des amis – si ses intérêts deviennent trop éloignés de ceux des enfants de son âge, le dialogue devient impossible.

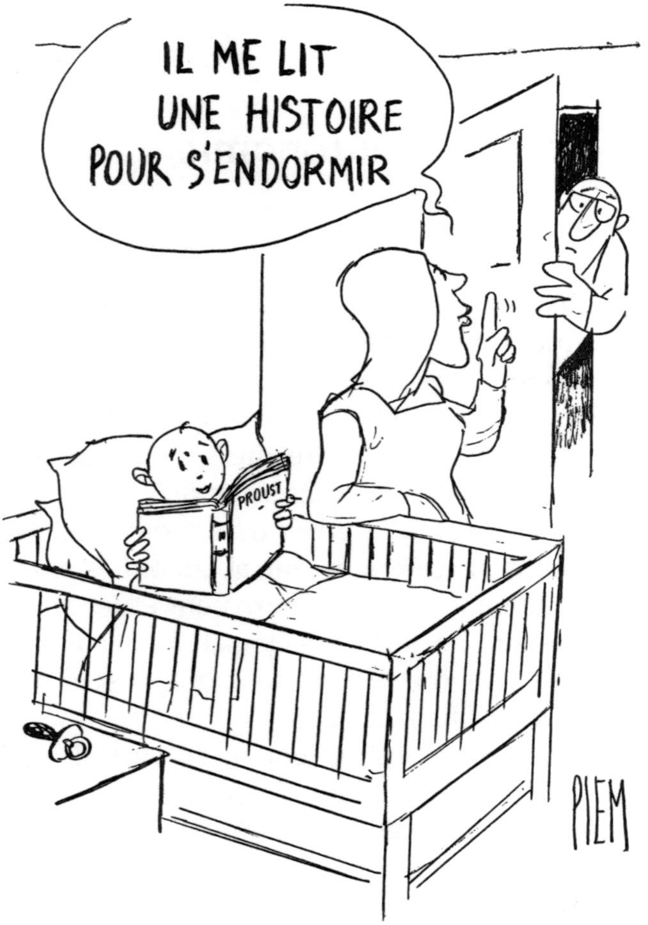
IL ME LIT UNE HISTOIRE POUR S'ENDORMIR
PROUST
PIEM

L'autonomie

Pour le dernier enfant, le moment où il faudra retirer le tuteur risque de ne jamais venir. Il est complètement dépendant de sa mère. Il est, par nature, plus fragile que ses frères et sœurs et il a été si malheureux quand il s'est frotté aux autres, qu'elle a dû le défendre, dresser une barrière protectrice entre lui et le monde, au point qu'elle en est arrivée, en le surprotégeant, à le priver de ses défenses naturelles. Les petits animaux sauvages, qui, abandonnés, sont recueillis par des hommes qui les nourrissent et les soignent, ne peuvent pas être relâchés dans la nature, parce qu'ils n'ont appris ni à se nourrir, ni à se défendre, et sont très vite la proie des autres animaux.
Intellectuellement, construit comme il l'est, il est à gager qu'il connaîtra une brillante réussite professionnelle (probablement dans une profession où il pourra travailler seul, comme chercheur ou médecin). Mais sur le plan affectif, comment pourrait-il se détacher ? Que sera sa vie d'adulte (et celle de son épouse) ?

> L'enseignement est obligatoire, la scolarisation ne l'est pas. Si des parents veulent instruire leur enfant à la maison, ils doivent

en informer l'inspection académique de leur département pour que l'Éducation nationale puisse exercer un contrôle.
Certains parents assurent seuls le soin de l'enseignement de l'enfant, mais c'est une lourde charge.
Le **Centre national d'enseignement à distance** (CNED [1]) est un organisme public dépendant de l'Éducation nationale. Le niveau des études est élevé. Les devoirs sont corrigés par des professeurs de l'Éducation nationale. C'est un support précieux pour les parents. L'enfant, lorsqu'il réintègre l'enseignement public, n'est pas soumis à examen.
Quelles sont les conditions à remplir ?
 – Être éloigné de tout établissement scolaire (les enfants d'expatriés ont très souvent recours au CNED) ;
 – souhaiter faire une option n'existant pas dans son collège ou son lycée (langues étrangères rares ou langue ancienne, par exemple) ;
 – être malade ou accidenté et dans l'impossibilité de se déplacer ;
 – avoir la phobie de l'école.
Un justificatif doit être produit à l'appui de la demande. Dans les deux derniers cas, un médecin doit délivrer une attestation.

---

1. Accueil et inscriptions BP 200
86980 Futuroscope Cedex
Tél. : 05 49 49 94 94
Fax : 05 49 49 34 00

L'entrée au lycée

Pour le grand, c'est l'entrée au lycée. On a choisi pour lui la voie royale. Il entre, dès la seconde, dans un de ces grands lycées où il va côtoyer fils de ministres, d'enseignants, de syndicalistes, fils de tous ceux qui, au nom de l'égalitarisme, prônent le collège unique, le lycée pour tous, la mixité sociale... Il a pour camarades les petits-fils et petites-filles des membres des commissions ministérielles...
Peut-être un tabloïd indélicat publiera-t-il un jour la liste des établissements scolaires fréquentés par les enfants desdits ministres et associés...
Il se plaît dans ce lycée. Il a plus d'indépendance intellectuelle. Le rythme des études est très rapide. Il a appris à travailler au collège et l'enseignement qu'il reçoit lui convient parfaitement.
Il est sur les rails.
Il se fait des relations qui lui serviront dans sa vie professionnelle et surtout, grâce à l'opportunité qui lui est donnée de rencontrer d'autres jeunes gens et jeunes filles doués comme lui, il a des échanges culturels qui le ravissent, des conversations, tard dans la nuit, où se mêlent science, litté-

rature, politique. Il est enfin au cœur de ce creuset où toute pensée s'enrichit.

Il faut souligner que, pour être heureux dans ces lycées, il faut être précoce. Dès la seconde, le niveau d'exigence est si élevé que les élèves qui n'ont pas de grandes possibilités intellectuelles peuvent éventuellement y réussir à force de travail, mais ne peuvent pas s'y épanouir. La pression, pour ceux-là, est si forte qu'il arrive qu'elle les mène au suicide. Que fera-t-il plus tard ? Choisira-t-il d'être ingénieur, médecin, chercheur, journaliste, comédien ? Les professeurs le pressent d'entrer dans une classe préparatoire aux grandes écoles. Pendant deux ans, ce serait un chantier qui ne laisserait pas beaucoup de place à son originalité, sa créativité, son goût de l'initiative, son intuition, mais il acquerrait une puissance de travail qui lui serait fort utile. En prime, il pourrait être polytechnicien (ou énarque, ou les deux), pour faire plaisir à ses parents qui aimeraient tant le voir défiler le 14 Juillet, coiffé du bicorne et l'épée au côté.

De toute façon, pour lui, désormais, toutes les portes sont ouvertes.

Un cœur gros comme ça

Il a 16 ans. Un après-midi de printemps au Luxembourg, il aperçoit une fille ravissante et, tout à coup, pour la première fois, son cœur se met à battre la chamade. Elle a surpris son regard et, coquine, lui adresse son plus beau sourire. Tous les jours, ils se croisent. Il s'enhardit à lui parler. Ils deviennent amis. Elle s'intéresse à tout ce qui le concerne et, entre autres, à ses études. Elle rit parce qu'il est bon élève et qu'elle est « nulle ». Les intérêts qu'ils partagent n'ont plus rien de culturel. Mais qu'importe ! Puisqu'ils s'aiment et qu'elle est si jolie !
De nouveau, le voilà différent.
Non pas à cause d'un Q.I. trop lourd, mais d'un cœur gros comme ça, d'une beauté à nulle autre pareille... puisqu'elle le voit avec les yeux de l'amour.

Les associations

L'union faisant la force, les parents deviennent d'ardents militants de la « cause ». Il faut dénoncer un système éducatif qui, en voulant tout uniformiser, empêche les enfants de se réaliser.

Par quelle aberration mentale peut-on arriver à la conclusion que tous les êtres humains sont intellectuellement égaux ? Pourquoi seraient-ils différents physiquement, psychologiquement, artistiquement, sportivement, musicalement, et ne le seraient-ils pas intellectuellement ?

Que tous les enfants aient accès à l'étude n'est que justice. Mais pourquoi vouloir les faire aller tous à la même vitesse, de la même manière et dans le même moule ?

> Dans une société où il est inconvenant de s'écarter de la pensée unique dans quelque domaine que ce soit, le contrevenant isolé ne peut se faire entendre. C'est pot de terre contre pot de fer. Plus la société démocratique est hiérarchisée, loin de l'usager et sourde à la *vox populi*, plus le nombre des associations de la loi de 1901 s'accroît.
> Quel est le rôle d'une **association pour enfants intellectuellement précoces**[1] ?

---

1. Extrait des statuts de l'Association française pour les enfants précoces (adresse en annexe).

Sa vocation essentielle est de fournir aux parents l'occasion de se rencontrer, de s'entraider, de ne plus se sentir seuls. C'est pour eux un grand réconfort. Des antennes assurent des permanences dans toute la France, organisent des réunions, des visites culturelles, des pique-niques au cours desquels les enfants sont invités à rencontrer d'autres enfants précoces comme eux. Elle aide les parents et les enseignants à reconnaître les enfants précoces et à les comprendre.

Des publications sont diffusées, traitant des thèmes les plus fréquemment évoqués par les familles. Les lois et règlements émanant de l'Éducation nationale sont portés à leur connaissance. L'association peut servir de médiateur auprès des enseignants et des autorités administratives. Ce n'est pas là la moindre de ses vocations.

Elle dispose d'un carnet d'adresses bien documenté pour diriger les parents vers les médecins, psychologues, orthophonistes, graphothérapeutes... ou vers les organismes de vacances ou d'activités d'enrichissement tels qu'ALTAIR, Jeunes vocations scientifiques, artistiques et littéraires ou les Petits Débrouillards (voir adresses en annexe).

L'autre volet important de son action concerne la scolarité des enfants. À quoi bon savoir qu'un enfant est précoce si aucune réponse scolaire ne peut être apportée à son ennui ?

L'association incite des chefs d'établissement de collèges traditionnels à créer des classes pour les intellectuellement précoces ou des groupes d'intellectuellement précoces au sein de classes hétérogènes pour faciliter leur insertion.

Une équipe pédagogique attachée à l'association forme les enseignants dans le cadre des IUFM pour l'enseignement public, de l'UNAPEC[1] pour le privé. En effet, créer des structures ne suffit pas, si la pédagogie n'est pas adaptée aux besoins des intellectuellement précoces.

Enfin, l'association essaie de se faire entendre des pouvoirs publics en vue d'une prise en charge scolaire généralisée de la différence inhérente à la précocité.

---

[1]. Union nationale pour la promotion pédagogique et professionnelle dans l'enseignement catholique.

Les congrès et colloques

Les associations organisent des congrès et colloques pour lesquels elles sollicitent le concours de conférenciers éminents, chercheurs, universitaires, psychologues, médecins. Les congrès sont accueillis dans des lieux prestigieux et sous des patronages de qualité. L'assistance, toujours très nombreuse, est composée de parents (en majorité des mères), de médecins, d'enseignants, qui viennent à titre personnel ou professionnel.
Il y a toujours quelques problèmes d'organisation. Un intervenant a raté son avion, un autre a été appelé en mission à l'étranger. Le rétroprojecteur ne marche pas, les micros sont mal réglés. Tel orateur ne parle qu'anglais et aucun interprète n'a été prévu, tel autre est à peine audible, tel autre encore prend la parole et ne veut plus la rendre. Un intervenant parcourt l'estrade de long en large et se prend les pieds dans les fils du magnétoscope. Parfois, un savant émérite se trompe de congrès et parle des SDF au lieu des enfants précoces. Il invite le public à le suivre à la manif de l'après-midi.
Mais ces contretemps ne sont pas plus fréquents que dans tous les congrès du monde. Vu la qualité des intervenants, ils sont vite pardonnés et le message passe. Tout ce qui est

AVANT

APRÈS

dit est si réconfortant et aide tellement à mieux comprendre le comportement de l'enfant précoce présenté sous un éclairage nouveau ! Le public, reconnaissant et heureux de se sentir soutenu, applaudit avec enthousiasme (même celui qui s'est trompé de meeting).

L'enfant précoce n'est plus un extraterrestre. Si des gens aussi qualifiés se penchent sur son problème, c'est qu'il est digne d'intérêt.

Pendant les pauses, les mamans entourent, attentives, les conférenciers, et tout particulièrement les brillants orateurs. Les parents repartent dopés.

> Les congrès et colloques sont destinés à informer les parents et les professionnels de l'enfance. Les sujets abordés – la mémoire, le sommeil, la dyslexie, le cerveau... – ne concernent pas seulement les enfants précoces. Cependant, les chercheurs et universitaires qui interviennent à ces occasions font toujours part de travaux au cours desquels ils ont mis en évidence les caractéristiques propres aux enfants précoces.

Ce que les parents ne doivent pas faire

Les enfants précoces sont souvent incompris et les parents ne peuvent rester insensibles à leur souffrance. Mais le comportement de certains parents conduit au renvoi de l'école de leur enfant.
Premier exemple. Un professeur ne supportait pas un enfant très gentil et très fragile, pour lequel elle avait une réelle aversion. Elle allait, en salle des professeurs, de collègue en collègue déverser ses griefs. Après avoir essayé, en vain, d'établir un dialogue avec elle, le père s'adressa au principal qui, au lieu d'intervenir – ou, au moins, de s'informer –, comme son devoir le lui imposait, « couvrit » son enseignante. C'est tout juste s'il ne mit pas le père à la porte. D'autres incidents eurent lieu avec ce professeur qui humiliait devant toute la classe l'enfant qu'elle ne désignait plus que comme « le surdoué », et se moquait de ses parents « qui soutenaient toujours leur petit chéri, soi-disant surdoué ». Le père demanda un nouveau rendez-vous au principal. N'obtenant pas de réponse, il lui adressa la lettre suivante :

« Monsieur le principal,
J'ai attiré votre attention sur le comportement injuste et malveillant de Madame F.. à l'égard de mon fils, proie facile entre

les mains de ce professeur pervers qui prend plaisir à l'humilier et qui, après l'avoir troublé au point qu'il n'arrive plus à travailler, l'accable de punitions et d'avertissements. J'attendais de vous une aide.

Vous ne vous comportez pas en chef d'établissement, puisque, averti des faits par les autres professeurs de la classe qui réprouvent l'attitude de Mme F.. (l'un d'eux m'a fait part d'une démarche auprès de vous à ce sujet), vous n'intervenez pas pour que cesse une situation fort douloureuse pour un enfant de onze ans.

En conséquence, je vous adresse un blâme. Motifs du blâme :
  – principal sans aucune autorité sur un professeur dont il a peur ;
  – refuse tout dialogue ;
  – ne cherche pas à protéger ses élèves ;
  – fuit ses responsabilités.
Je ne vous salue pas, monsieur.

M. B... »

Les brimades à l'égard de l'enfant cessèrent du jour de la réception de cette lettre (le principal avait dû finalement intervenir), mais l'enfant fut renvoyé en fin d'année, ainsi que ses frères et sœurs, dans la foulée, sous des prétextes fallacieux.

Les associations, qui servent parfois de médiateur, ne peuvent plus rien faire après un tel courrier.

Deuxième exemple. Un élève faisait l'objet de nombreuses colles, dont la plupart étaient imméritées. Un jour, la conseillère d'éducation lui infligea une retenue de trois heures, mais c'est la mère qui se présenta à l'étude et fit, tout l'après-midi, les exercices de français destinés à son fils. À la fin de l'année, il fut renvoyé.

Troisième exemple. Du jour où elle apprit que sa fille était précoce, une mère transposa tous ses déboires familiaux (et ils étaient nombreux !) sur le problème de la précocité. On

ne parlait plus que de ça. La pression sur l'enfant devint telle que cette pauvre gamine en tomba malade et qu'elle dut être prise en charge par un hôpital de jour.
Ces trois exemples sont typiques de ce qu'il ne faut pas faire. N'oublions pas non plus les parents procéduriers qui intentent des actions en justice contre l'administration ou ceux qui accablent de reproches des établissements scolaires qui ont fait ce qu'ils ont pu mais qui n'ont pas réussi avec leurs enfants. Tantôt ce sont les établissements qui sont en tort, tantôt ce sont les parents. Nul n'est parfait. Pourtant, chaque fois que des intermédiaires neutres arrivent à se faire entendre des uns et des autres, le dialogue alors établi permet aux enfants de mieux vivre leur scolarité.

Les médias

Selon Montesquieu, une société compte trois pouvoirs : l'exécutif, le législatif et le judiciaire. Pour que la société soit démocratique, ces pouvoirs doivent être séparés.
Si Montesquieu écrivait *L'Esprit des lois* aujourd'hui, il ne devrait pas omettre de citer les médias. Quatrième pouvoir, il n'est absolument pas séparé et constitue en fait le premier pouvoir. Sans les médias, point de salut. Mais avec les médias, le salut n'est pas assuré.
Les associations ont recours aux médias et les médias ont recours aux associations. Comme le sujet fait de l'audimat, elles sont sollicitées de toutes parts. Pour les reportages, il faut fournir des collèges, des familles, des enfants. Les demandes sont parfois extravagantes : « Trouvez-nous un enfant qui connaisse l'annuaire par cœur, un mathématicien de 10 ans qui ait trouvé un théorème, un physicien qui dirige un laboratoire, un mime hors du commun... » Comme ces cas exceptionnels sont généralement introuvables, on recommence plus ou moins toujours la même émission, le même article de journal.
Mais le matraquage médiatique opère. Il est temps de se faire entendre des pouvoirs publics.

AVEC SA MANIE DE LA LECTURE IL NOUS GÂCHE UN PEU LE PLAISIR
M6
PIEM

Le ministère

Grâce aux médias, les portes du ministère de l'Éducation nationale s'ouvrent – les parents s'y présentent en rangs serrés. Reçus par différents conseillers techniques toujours très courtois, ils sont écoutés, mais pas entendus. Puis, la pression se faisant plus grande, le directeur de cabinet adjoint les reçoit. Quelques mois se passent sans que rien ne se passe. Les parents insistent. Ils sont maintenant reçus par le directeur de cabinet. Encore quelques mois, et ce sera le ministre.
Pour se débarrasser de ces importuns, on crée une commission, illustration de la pensée de Clemenceau : « Quand vous voulez enterrer un sujet, créez une commission. »
Pour constituer une commission ministérielle, il faut de nombreuses réunions préalables. Qui mettre dans la commission ? Un inspecteur d'académie, un représentant des IUFM ? Comment les choisir ? Faut-il chercher parmi ceux qui ont eu l'imprudence de patronner un congrès sur la précocité ou qui ont reçu des parents angoissés ? Ou parmi des professeurs intéressés par une pédagogie adaptée ?
On prend quelques noms au hasard. On fixe une date et on programme des « auditions ». Deux associations sont invitées,

comme à un examen devant un jury, à venir exposer leurs objectifs et à formuler leur demande. Quand d'autres petites associations ont vent d'une telle commission, elles s'engouffrent dans la brèche. À raison d'une « audition » tous les deux mois, dans quatre ou cinq ans, un état des lieux sera dressé, à condition de ne pas avoir oublié les premières auditions, et sous réserve que les ministres qui ne cessent de se succéder à ce ministère partagent le même avis que leurs prédécesseurs sur la précocité – ce qui, au demeurant, n'a pas une grande importance, la commission n'étant pas destinée à faire aboutir quoi que ce soit, mais à calmer les ardeurs revendicatrices de parents très minoritaires.

Au jour dit, dans une grande salle avec une grande table, des gens grandement importants sont prêts à « auditionner » les pauvres présidents d'association qui s'emploient à les convaincre, ou tout au moins à semer le doute dans leur esprit.

Un coup d'épée dans l'eau ? Non, parce que quelques-uns paraissent attentifs et très intéressés. Sont-ils eux-mêmes surdoués et ont-ils vécu dans leur enfance des problèmes dus à leur précocité ? Ont-ils des enfants précoces ? Ou pensent-ils simplement que l'heure est venue de ne plus faire la sourde oreille aux témoignages qui sont portés à leur connaissance ? De ceux-là viendra peut-être le salut.

> Quels sont les obstacles à une reconnaissance des enfants précoces ?
> Pour comprendre le **système éducatif français**, il faut faire un retour en arrière sur l'histoire de l'Éducation nationale.
> Les différentes réformes qui ont marqué l'institution scolaire depuis la fin de la dernière Guerre mondiale ont toutes eu pour objectif de transformer un système élitiste, où seuls 8 % des enfants avaient accès au lycée après un examen, en un système accueillant tous les enfants. Au début des années 50, parallèlement aux écoles communales et aux cours complémentaires, les

lycées couvraient toute la scolarité, de la 12ᵉ, appelée « jardin d'enfants », à la terminale. Au fil des réformes, le petit lycée a été supprimé. La terminologie de l'école communale a été appliquée à tout le cycle primaire. La 12ᵉ est devenue la maternelle, la 11ᵉ le cours préparatoire, etc., jusqu'à la 7ᵉ, rebaptisée CM2. Les classes de la 6ᵉ à la 3ᵉ, détachées du lycée, et les collèges d'enseignement général sont devenus des collèges d'enseignement secondaire (CES). Le terme « secondaire » étant encore trop sélectif, le CES s'appelle désormais collège (CLG), et le collège d'enseignement technique lycée professionnel (LP).
Ces dénominations marquent bien la volonté du législateur d'effacer les différences issues de l'ancien système.
Tout enseignement qui permettait d'échapper à l'hétérogénéité a été supprimé, à commencer par le latin en sixième
Puis ce fut la déferlante de Mai 68, qui emporta l'ancien système et marqua un tournant décisif. L'Éducation nationale, traumatisée, mit longtemps à se guérir, non que l'idéologie prônée lui eût déplu – car elle allait dans le sens voulu –, mais parce que le pouvoir lui avait échappé pendant quelques mois. Professeurs et étudiants, dans la rue et sur les bancs des facultés, avaient anarchiquement refait le monde sans elle. Cette révolte n'a fait qu'accélérer le mouvement. Pourtant, par la suite, chaque fois que les coordinations estudiantines menaçaient de descendre dans la rue, le souvenir de ces journées rendait très prudents nos ministres.
Deux réformes importantes remirent de l'ordre. Leur principe est l'égalitarisme, défendu avec vigueur par les syndicats d'enseignants. Demander pour l'enfant précoce un enseignement adapté relevait du sacrilège : l'égalitarisme est une religion.
La réforme Haby de 1977 prévoyait un tronc commun et trois heures de soutien pour les élèves en difficulté, trois heures d'approfondissement pour les bons élèves. Faute de crédits, les heures d'approfondissement n'ont jamais été pratiquées. La réforme est devenue bancale de ce fait. Peut-être aussi l'Éducation nationale, en partenariat avec les syndicats, a-t-elle pensé que cette partie de la réforme était inutile en vertu de l'idée que les bons élèves s'en sortent toujours.
Les heures de soutien n'ayant pas produit l'effet escompté, l'échec scolaire n'a fait qu'aller grandissant. Et une nouvelle

catégorie d'enfants est apparue : les enfants intellectuellement précoces en difficulté.

La loi Jospin de 1989 a terminé le processus d'uniformisation. 100 % d'une classe d'âge entrent en sixième. Toutes les filières en collège sont abolies : les enfants entrent en sixième à 11 ou 12 ans et reçoivent tous le même enseignement.

Des classes hétérogènes, des élèves dont les connaissances ne sont pas vérifiées, des structures ne permettant pas de choix, ont particulièrement lésé les enfants en échec, quelle que soit l'origine de leurs difficultés, qu'ils soient précoces ou non.

Trop longtemps, il n'a été question que de « remédiation ». C'est en amont qu'il convient de considérer le problème de l'échec. Il ne s'agit pas seulement de guérir, il faut prévenir l'échec scolaire, qui est une tragédie pour l'enfant et pour toute sa famille. Combien d'adultes n'ont pas pu évacuer la souffrance de cet échec !

Les évaluations aux résultats désastreux, instituées depuis 1992 en CE2 et en 6e, ont alerté nos gouvernants. Bien que timidement encore, l'Éducation nationale a commencé à repenser ce système qui n'a pas fait ses preuves, notamment au collège. Par un effet de balancier, il semblerait que des évaluations seront bientôt faites dans presque toutes les classes depuis la maternelle, pour identifier les besoins des élèves et situer les niveaux auxquels il faudra apporter des aménagements.

Depuis 1996, tous les textes ministériels recommandent de respecter les élèves dans leur diversité : « On s'efforcera d'adapter les parcours scolaires à la diversité des aptitudes, des talents et des maturités. À cette fin, les établissements disposent d'une marge d'autonomie. » Il faudrait « donner plus à ceux qui en ont besoin ».

Les portes sont encore fermées, mais elles ne sont plus verrouillées, et les chefs d'établissement doivent saisir l'opportunité qui leur est offerte de les ouvrir tout à fait.

L'égalitarisme n'est pas l'égalité des chances. Nos gouvernants commencent à s'en rendre compte.

Le système éducatif français a cette particularité qu'il est largement ouvert à tous, en primaire et dans le secondaire, et qu'il se présente comme un goulot d'étranglement dès que sont abordées les grandes écoles. Il est comme une boule à laquelle seraient accrochés tous les élèves, boule qui tournerait sur elle-même de plus en plus vite au fur et à mesure de l'avancée dans le cursus scolaire. Quand la vitesse devient très importante, les élèves sont aspirés par la force centrifuge et vont se perdre dans l'atmosphère. Seuls quelques *happy few* sont assez solides et assez aidés pour résister à cette force. Ainsi, de moins en moins d'enfants des milieux socioculturels défavorisés peuvent accéder aux grandes écoles, faute d'y avoir été préparés depuis les petites classes.

Toutefois, dans ce domaine aussi, on assiste à une prise de conscience. L'Institut des sciences politiques de Paris recrute sur dossiers quelques élèves des banlieues défavorisées qui, n'étant pas préparés au concours d'entrée, n'auraient eu aucune chance d'intégrer cette prestigieuse école. Peut-être d'autres grandes écoles suivront-elles cet exemple. Dans le même esprit, des internats publics dans les collèges, qui avaient presque tous disparu, ont fait leur réapparition, et si l'État reprend totalement en charge, comme autrefois, les boursiers qui ont la volonté de travailler, peut-être ceux-là profiteront-ils de « l'ascenseur républicain » et arriveront-ils à « l'élitisme républicain » dont parlait notre ministre révolutionnaire. Des enfants précoces seront concernés par ces mesures et il leur sera ainsi rendu justice.

COMMISSION MINISTERIELLE

Lettre ouverte à Monsieur le Ministre de l'Éducation nationale

Monsieur le Ministre,
Pour avoir reçu de si nombreux témoignages de familles se heurtant à une administration insensible à leurs suppliques et souvent à leur souffrance, je me permets, en tant que leur porte-parole, de m'adresser à vous.
Nous savons tous que certains enfants ont montré très tôt des dons exceptionnels. L'histoire a retenu le nom des plus célèbres d'entre eux.
Pascal redécouvre les propositions géométriques d'Euclide à 12 ans. À 13 ans, il présente un mémoire à l'Académie des Sciences. Gauss n'a que 10 ans lorsque son maître demande aux élèves d'écrire tous les nombres de 1 à 100 et d'en faire la somme. L'énoncé n'est pas terminé que Carl a trouvé la solution en multipliant 50 x 101. À 14 ans, Ampère a lu les vingt volumes de l'*Encyclopédie*. À 7 ans, le duc du Maine était l'auteur d'une traduction d'Érasme. L'enfant de Lübeck fit de petits discours à 3 ans et demi devant le roi et la reine de Danemark[1].
Monsieur le Ministre, si Ampère, Pascal, Newton, Gauss,

---

1. Jacques Vauthier in Grubar Jean-Claude, Duyme Michel, Côte Sophie *et al.*, *La Précocité intellectuelle : de la mythologie à la génétique*, Mardaga, Sprimont, Belgique, 1997.

Stuart Mill, Einstein étaient enfants de nos jours et si leurs parents, conscients de leur précocité, avaient adressé à des conseils de cycle et à des inspecteurs d'académie des demandes de saut de classe, serait-il indiqué, sur le rejet de la demande, des remarques telles que « manque de maturité », « mauvais graphisme », « les compétences transversales sont en cours d'acquisition » ?
Dans *Einstein*, Merleau-Ponty écrit : « L'oncle Jacob était un scientifique qui n'hésitait pas à stimuler la curiosité d'Albert. » Tous les enfants n'ont pas la chance d'avoir un oncle savant, et c'est de l'école qu'ils attendent le savoir.
« D'innombrables Einstein, Mozart ou Stuart Mill sont peut-être ainsi apparus et ont rapidement disparu dans un environnement où il n'existait pas de structure propre à développer leurs qualités.[1] »
Le respect de la différence et l'accueil des enfants précoces étaient naturels au Moyen Âge. Sommes-nous moins évolués qu'alors ?
Vous avez rédigé des textes et des recommandations pour que tous les enfants puissent recevoir l'enseignement adapté à leurs aptitudes et à leur diversité. Vous avez tenu un langage d'ouverture. Alors, pourquoi certains enseignants, certains inspecteurs de l'Éducation nationale, certains inspecteurs d'académie font-ils encore la sourde oreille ? Pourquoi refusent-ils de lire les documents sur la précocité écrits par les chercheurs ?
Qu'ils appliquent les textes que vous avez publiés. Qu'ils cessent de bloquer la machine. Qu'ils fassent leur devoir envers les enfants différents, y compris les enfants précoces, issus de toutes les classes, en particulier des classes défavorisées. Freiner un enfant dans ses jeunes années, alors que parfois tout se joue à cette époque de la vie, est une mau-

---

[1]. Robert Clarke, *Super-cerveaux ; des surdoués aux génies*, P.U.F., 2001.

vaise action. Aucun agriculteur ne négligerait la partie la plus fertile de son champ.

Les parents attendent de vous un message fort. Ils vous en seront infiniment reconnaissants.

Je vous prie de croire, Monsieur le Ministre, à mes sentiments dévoués.

Le poids des mots

Comment résister à quelques expressions récoltées au fil de lectures administratives : « Admettre la *diversité* des élèves en tenant ferme sur le droit de tous à une *éducation commune* oblige à rompre avec une conception trop normative de l'évaluation et trop négative de l'orientation. » Est-ce bien clair ?
Les enfants sont « tutorés », « pilotés », « décloisonnés[1] », « contractés » (objets de contrats), accessoirement « enseignés », puisqu'on leur apprend à apprendre. Sont-ils assez mûrs, compétents, « projetés » (objet de projets) ? Ils sont évalués par le biais de protocoles, de grilles, d'outils. En tout cas, le chemin est long dans la « logique de parcours » : parcours éducatifs, itinéraires de découverte, parcours diversifiés (tous en liaison avec le parcours du combattant des parents) – le tout parsemé de « travaux croisés ». On applique à l'élève la pédagogie du détour. Gare à ne pas le perdre en route !
Rien à craindre, c'est bien organisé. Le professeur trouve dans sa mallette pédagogique la banque d'outils d'aide à

---

[1]. Pour certains cours, l'enfant part dans une classe supérieure mieux adaptée. Il en revient tout guilleret et s'ennuie encore plus ferme dans le niveau retrouvé.

l'évaluation formative et les instructions pour une pédagogie compensatoire. Ainsi nanti, il peut faire face à toutes les situations (en principe).

L'hétérogénéité maîtrisée, autrement dit la mixité sociale, est recommandée et la « remédiation » préconisée. Dans ce mot, on trouve le radical « remède », c'est-à-dire, selon le dictionnaire : « toute substance dont on fait usage pour combattre les maladies ». On est déjà passé dans le domaine médical pour envisager la guérison. Ce que l'école n'a pas su faire, peut-être la médecine le fera-t-elle ?

Enfin, remercions nos gouvernants d'avoir pensé à inclure dans les programmes l'éducation à la citoyenneté. Ils entendent sûrement donner ainsi à l'enfant l'esprit critique qui lui permettra, lorsqu'il sera devenu un citoyen adulte conscient de ses droits, de déjouer la pensée unique, le « politiquement correct », et la désinformation.

Dans *Les Précieuses ridicules*, Molière fait dire à Mascarille : « Tout ce que je fais a l'air cavalier ; cela ne sent point le pédant. » Et à Gorgibus : « Quel diable de jargon entends-je ici ? » On aimerait tant que certains pédagogues (heureusement peu nombreux, soulignons-le bien) se sentent visés par ces propos !

Il serait souhaitable que ceux-là n'emploient pas un vocabulaire d'initiés. Le dialogue n'est déjà pas facile, mais s'ils veulent avoir une chance d'être compris, qu'ils s'adressent aux parents en un français clair et compréhensible de tous, en particulier des personnes qui n'ont pas beaucoup d'instruction ou qui ne maîtrisent pas bien la langue française, mais qui souhaiteraient, précisément pour ces raisons, aider leur enfant à faire mieux qu'eux. Ces pédagogues se rendent-ils compte du mépris qu'ils leur témoignent en employant un langage qui leur est inaccessible ? Voici quelques exemples accompagnés de leurs traductions.

« "Fâché de ne pouvoir exprimer les potentialités de manière interne, Nicolas s'investit dans l'espace extérieur." Cela veut dire : Nicolas s'embête en classe, il regarde par la fenêtre [1]. »
« L'enfant est gêné par une faiblesse en organisation spatiale, dans le rythme et le graphisme. » Traduction : il est lent et il écrit mal.
« Il n'a pas de prise d'indice dans l'image » !? Il faudrait qu'il acquière « une motricité rapprochée ou, mieux encore, une motricité fine » ! Traduction : il doit apprendre à écrire et, mieux encore, à écrire bien !
« L'enseignement spiralaire », qu'est-ce à dire ? Le travail des matériaux en nappes, c'est la couture, mais cette expression désormais périmée peut être oubliée puisqu'il n'y a plus de couture dans les établissements scolaires. Quant au célèbre « référentiel bondissant » (le ballon), il aura fait se gausser toute la France. Point n'est besoin d'en rajouter.
Voici en vrac des formules tout aussi comiques que Molière qualifierait de baragouin : « l'outil scripteur », « l'apprenance », « l'apprenant », « le géniteur d'apprenant » (*quid* de « la génitrice d'apprenant » ? on n'en parle jamais). Comme il serait agréable que ces pédants soient des « locuteurs natifs » parlant leur langue maternelle !

Les Anglais, qui pratiquent volontiers l'*understatement*, disent, lorsqu'il tombe des cordes : « Le temps n'est pas très clément aujourd'hui. » Pratiquant nous aussi l'art de la litote, nous avons pour parler de nos élèves des formules tout aussi pudiques, qu'il faut toutes traduire par « votre enfant est renvoyé » : « Un changement d'école serait profitable », « Votre enfant réussirait mieux dans une petite structure », « Mettez-le dans une école pour enfants précoces » (alors que tout le monde sait qu'il n'y en a pas dans la région). Il

---
[1]. Claude Allègre, *Toute vérité est bonne à dire*, Robert Laffont/Fayard, 2000.

y a aussi : « Il faudrait pour lui une orientation positive », ce qui signifie : « On n'en veut plus dans l'enseignement général. » D'ailleurs, les enfants ne s'y trompent pas, lorsqu'ils disent : « J'ai été orienté. »

Et le mieux dans le genre : on qualifie d'« incivilité de sauvageon » une baffe à un enseignant !

Tout cela, à la limite, n'est pas grave. Les réformes se succèdent, autant en emporte le vent. Le bon sens demeure et *la nave va*, la plus grande partie des enseignants s'efforçant sur le terrain, avec un indéniable dévouement et une admirable constance, de conduire les enfants à bon port.

Les chercheurs

Sur qui les parents peuvent-ils s'appuyer pour éclairer les élites qui nous gouvernent ? Sur les chercheurs.
Ils ont déjà situé dans le cerveau les centres des différentes fonctions en étudiant les troubles consécutifs à certaines lésions. Mais jusqu'à une date récente, on ne pouvait étudier le cerveau que sur les cadavres. Le cerveau d'Einstein, coupé en petits carrés conservés dans du formol, n'a livré que peu de secrets.
Maintenant, la technologie va permettre à la science de faire des progrès comme jamais auparavant. Grâce à l'imagerie par résonance magnétique (IRM) et à la tomographie par émission de positons (TEP), on peut entrer dans les cerveaux en activité. Les savants qui sont encore peu nombreux à s'intéresser aux enfants précoces vont faire des découvertes qu'il ne sera pas possible de réfuter, notamment dans le domaine des sciences cognitives.
Peut-être alors sera-t-il possible d'envisager d'une façon sereine et non plus idéologique une réforme d'où émergera la volonté de ne plus enfermer tous les enfants dans le même carcan ?
Mais parallèlement aux grands chercheurs qui donneront à

la précocité ses lettres de noblesse, nombreux sont les pseudo-chercheurs qui la décrédibilisent. Quelque obscur professeur Nimbus établit des statistiques à partir d'un sujet unique et arrive à la conclusion que son étude est significative. Un autre pense passer à la postérité en créant des néologismes. Un autre encore joue avec les mots : « du refus de l'apprendre aux refuges de l'apprendre ». Ces artistes du néologisme s'amusent et se réjouissent à chaque trouvaille, mais ces épiphénomènes n'apportent pas d'eau au moulin de la précocité. Le travail sur le terrain est autrement difficile.

Un créneau porteur

Pendant ce même temps, des gens solidement plus réalistes trouvent dans ce créneau porteur le moyen de faire de substantiels profits : les écoles pour enfants précoces à des prix prohibitifs font florès. Les propositions de scolarité sont des plus variées – cours de philosophie en maternelle, relaxation, psychanalyse de groupe dès le cours préparatoire. En prime, promesse du bac à 12 ans.
Certains de ces avisés hommes d'affaires préfèrent recruter, pour élèves, les parents. Ils sont plus appliqués, et tellement avides d'apprendre ! Le « refus de l'apprendre », eux ne connaissent pas. Pour couronner leur assiduité et leur bonne volonté, un diplôme maison leur est délivré en fin de stage. Ainsi se créent des écoles pour parents d'enfants précoces, encore plus chères que les précédentes, et ça marche ! Il faut entendre par là que des chefs d'entreprise se font beaucoup d'argent.

L'ennui

L'ennui, comme le stress, peut créer des situations diamétralement opposées. Un peu de stress pousse à réagir, trop de stress ruine la santé.

L'ennui naît d'une trop grande disponibilité. On se réveille un matin et on pense à toute cette journée qu'il va falloir affronter et pour laquelle aucune activité n'est prévue. Certains êtres humains sont mieux prédisposés que d'autres au *farniente* (littéralement « faire rien »). La nature les a dotés d'un tempérament heureux. Ceux-là, tels Alexandre le Bienheureux, ne font rien mais ne s'ennuient jamais. D'autres doivent faire un effort pour supporter cette vacuité, s'ennuient un peu et, quand l'ennui devient trop pesant, cherchent à trouver de la compagnie, et des occupations. Ils s'organisent pour meubler le temps libre.

Il en est d'autres pour qui le temps libre est nécessaire à la créativité et à la réflexion. Même lorsqu'ils sont apparemment inactifs, ils pensent, et c'est dans ces périodes de latence que leur viennent les idées les plus riches. Thoreau, l'auteur de *Walden ou l'homme des bois*, dit n'avoir jamais été aussi actif que lorsqu'il restait assis pendant de lon-

gues heures à contempler la nature. Ainsi, inactivité et ennui ne vont pas toujours de pair.
Mais il existe un type d'ennui très destructeur. C'est à lui que Baudelaire pense quand il parle d'« une oasis d'horreur dans un désert d'ennui ». C'est celui qui est imposé et auquel l'enfant précoce ne peut échapper. À l'instar du stress, il envahit la totalité de l'être. L'enfant se traîne sans motivation, sans stimulation intellectuelle, sans enjeu, sans espoir de jours plus excitants. Il va à l'école parce que c'est obligatoire, mais comme on ne lui fait faire que des tâches répétitives et bien trop faciles pour lui, on ne lui laisse aucune chance de révéler son talent. Rien n'est plus triste que de voir ces adolescents qui ne suivent pas en classe et qui arrivent, l'oreille basse et le regard terne, dans une classe où ils vont devoir rester assis pendant six ou sept heures sans retirer aucun profit de ce que les enseignants cherchent à leur enseigner.
C'est vrai pour les précoces qui ont renoncé à l'étude. Chauvin dit : « L'ennui, dans des salles de classe où l'on rabâche des notions qu'il a tout de suite assimilées, tue le surdoué. » C'est vrai aussi pour les enfants qui ont des difficultés intellectuelles. D'où le sophisme fréquemment énoncé par les parents : « Les enfants précoces s'ennuient en classe. Mon fils s'ennuie en classe. Donc, mon fils est précoce. »
Peu d'enfants résistent à cet ennui, qui les conduit souvent à la dépression. C'est aux parents de ne pas trop insister sur les résultats scolaires pour ne pas aggraver leur cas.
Dans *Amarcord*, en quelques mètres de joyeuse pellicule, Federico Fellini brosse les portraits caricaturaux de onze professeurs qui, de nos jours, sécréteraient l'ennui. Mais *o tempora, o mores !* à l'époque de l'enfance de Fellini, les parents n'avaient pas le culte du diplôme et laissaient à l'école, sans s'en mêler et surtout sans critiquer, le soin d'instruire leurs enfants. Et si les garnements travaillaient peu, ils

faisaient preuve d'une grande créativité qu'ils mettaient au service de chahuts variés. Ainsi, tel professeur de latin endort d'un paisible sommeil ses élèves en s'exaltant sur un sujet qui n'intéresse que lui. Tel autre marche en long et en large pendant qu'il fait son cours, les enfants se contorsionnant exagérément pour le suivre du regard à travers la classe. Celle-ci, chapeautée, prête à partir dès son arrivée, se prépare une tasse de thé pour tuer le temps. Celui-ci s'acharne avec bonté à faire répéter une phrase grecque à un élève qui fait semblant de ne pas y arriver. La professeur de mathématique, à la poitrine avantageuse, très fellinienne, s'écrie, après une démonstration : « C'est évident, vous avez compris ? » à un élève hébété, tandis que les autres construisent un pipe-line drainant à travers la classe un ru urinaire.

Que de bons souvenirs ! L'école, c'est ça aussi.

Quelques hommes célèbres et l'école

Si les élèves ne réussissent pas en classe, s'ils s'y ennuient, qu'ils sachent que leur avenir n'est pas bouché pour autant ! Voici quelques exemples de surdoués ayant plutôt bien réussi dans la vie après un parcours scolaire laissant parfois à désirer.

Dans ses Mémoires, Churchill écrit au sujet de la première école où il a été scolarisé : « J'ai détesté cette école. » Il note qu'il subissait une « servitude détestable ». À la fin de l'année, il était le dernier de la classe. Les enseignants disaient de lui qu'il était « un vrai cornichon ». Quelques années plus tard, un directeur d'école portait le jugement suivant : « Il pourrait toujours bien faire, s'il le voulait. »

Le directeur de son école communale note sur le bulletin de Louis-Ferdinand Céline : « Enfant intelligent mais d'une paresse excessive, entretenue par la faiblesse de ses parents. Était capable de très bien faire sous une direction ferme. Bonne instruction, éducation relâchée ».

Lors du colloque AFEP de la Sorbonne en 1996, le professeur Joan Freeman indique : « Picasso haïssait l'école pendant le peu de temps qu'il y passa et n'apprit jamais vraiment ni à bien lire, ni à bien écrire. »

Et Sacha Guitry écrit dans *Si j'ai bonne mémoire* : « La particularité la plus frappante, peut-être, de ma vie de collégien, est que je n'ai jamais pu dépasser la classe de sixième... J'y suis resté jusqu'à 18 ans... Je peux vraiment dire *ma* sixième. » (Sacha Guitry n'a jamais résisté au plaisir de faire un bon mot, la vérité dût-elle en souffrir.)

Conclusion

Freud a écrit : « L'humour ne se résigne pas, il défie. » C'est ce dont témoigne cette histoire trouvée dans une revue scientifique destinée aux collégiens et lycéens. Elle est véridique et date du début du siècle. Le narrateur est un professeur de physique.
« J'ai reçu un coup de fil d'un collègue à propos d'un étudiant. Il estimait qu'il devait lui donner un zéro à une question de physique, alors que l'étudiant réclamait un 20. Le professeur et l'étudiant se mirent d'accord pour choisir un arbitre impartial et je fus choisi.
Je lus la question de l'examen : "Montrez comment il est possible de déterminer la hauteur d'un building à l'aide d'un baromètre." Le professeur attendait évidemment que l'étudiant calcule la hauteur du building en utilisant la différence de pression constatée par le baromètre entre le sol et le sommet du bâtiment.
L'étudiant avait répondu : "On prend le baromètre en haut du building, on lui attache une corde, on le fait glisser jusqu'au sol, ensuite on le remonte et on calcule la longueur de la corde. La longueur de la corde donne la hauteur du building."

L'étudiant avait raison, vu qu'il avait répondu juste et complètement à la question. D'un autre côté, je ne pouvais pas lui mettre ses points : dans ce cas, il aurait reçu son grade de physique alors qu'il ne m'avait pas montré de connaissances en physique. J'ai proposé à l'étudiant de lui accorder une autre chance en lui laissant six minutes pour répondre à la même question, en l'avertissant cette fois qu'il devrait utiliser ses connaissances en physique pour répondre.

Après cinq minutes, il n'avait encore rien écrit. Je lui demandai s'il voulait abandonner, mais il répondit qu'il avait plusieurs réponses et qu'il cherchait la meilleure d'entre elles. Je m'excusai de l'avoir interrompu et lui demandai de continuer. Dans la minute qui suivit, il se hâta de répondre : "On place le baromètre à la hauteur du toit. On le laisse tomber en calculant son temps de chute. Ensuite, on utilise la formule $x = \frac{gt^2}{2}$, et on trouve la hauteur du building."

À ce moment-là, je demandai à mon collègue s'il abandonnait. Il me répondit par l'affirmative et donna presque 20 à l'étudiant.

En quittant son bureau, je rappelai l'étudiant, car il avait dit qu'il y avait plusieurs solutions à ce problème.

– Eh bien oui, dit-il, on peut par exemple placer le baromètre dehors lorsqu'il y a du soleil. On calcule la hauteur du baromètre, la longueur de son ombre et la longueur de l'ombre du building. Ensuite, avec un simple calcul de proportion, on trouve la hauteur du building.

– Bien, lui répondis-je, et les autres ?

– Il y a une méthode assez élémentaire que vous allez apprécier. On monte les étages avec un baromètre et en même temps on marque la longueur du baromètre sur le mur. En comptant les traits, on a la hauteur du building en longueurs de baromètre. Il y a encore d'autres façons de résoudre ce problème. La meilleure est probablement de descendre au

sous-sol, de frapper à la porte du concierge et de lui dire : "J'ai pour vous un splendide baromètre si vous me dites quelle est la hauteur du building."
J'ai ensuite demandé à l'étudiant s'il connaissait la réponse que j'attendais. Il a admis que oui, mais qu'il en avait assez des professeurs qui essayaient de lui apprendre comment il devait penser.
Pour l'anecdote, l'étudiant s'appelait Niels Bohr. Il reçut le prix Nobel de physique en 1922. »

Ils ont dit

« Je suis sorti premier de l'École normale. J'ai été renvoyé au bout de trois jours », Sacha Guitry.

« L'avantage de la prison sur le collège, c'est qu'en prison, on n'est pas obligé de lire les livres écrits par les geôliers », Bernard Shaw.

« J'ai été expulsé du lycée pour avoir triché pendant un examen de métaphysique. Je lisais dans les pensées de mes voisins », Woody Allen.

« J'ai pris un cours de lecture rapide et j'ai pu lire *Guerre et paix* en vingt minutes. Ça parle de la Russie », Woody Allen.

Index

Âge réel, âge mental, 104.
Autonomie, 132.
Associations, 138.
Blocage affectif, 128.
Conditions d'un déménagement, 107.
Conseil de cycle, 39.
Crise d'adolescence, 102.
Déscolarisation, 129.
Dyslexie, 18.
Écriture, 42.
Égalitarisme, 150.
Ennui, 164.
Exclusion, 50.
Fratrie, 68.
Garçons, filles, 69.
Humour, 169.

Hyperactivité, 24.
Lecture, 18.
Médiateur, 40.
Mémoire, 33.
Néoténie, 32.
Passion, 113.
Pédagogie pour enfants précoces, 120.
Q.E., 30.
Q.I., 27.
Recours, 40.
Sauts de classe, 36.
Secteur scolaire, 107.
Sommeil paradoxal, 33.
Système éducatif français, 149.
Travail à la maison, 84.

Annexe

Chercheurs et universitaires ayant participé aux congrès organisés par l'AFEP

Chercheurs et universitaires ayant participé aux congrès organisés par l'AFEP
Stanislas Dehaene, directeur de recherche à l'INSERM au CEA
Xavier Delcros, avocat, professeur des universités
Michel Duyme, docteur en psychologie, directeur de recherche au CNRS
Michèle Ferrand, sociologue au CNRS
Pierre Fourneret, pédopsychiatre à l'Institut des sciences cognitives de Lyon
Jean Frene, vice-président de la faculté de Poitiers
Antoine de la Garanderie, chercheur en sciences de l'éducation
Jean-Claude Grubar, professeur de psychologie expérimentale, université Charles de Gaulle-Lille III
Michel Habib, professeur et chercheur au laboratoire de neurologie cognitive, université de la Méditerranée-Hôpital de la Timon, Marseille
Albert Jacquard, directeur de recherche à l'Institut national d'études démographiques des populations
Axel Kahn, directeur de l'Institut Cochin de génétique moléculaire
Christian Peyrat, pédiatre, Toulouse
Olivier Revol, pédopsychiatre à l'hôpital Wertheimer, Lyon
Jean-Pierre Rossi, professeur à l'université Paris Sud-Orsay et chercheur au CNRS

Serge Salat, économiste, polytechnicien
Jean Pol Tassin, directeur de recherche à l'Inserm, neurobiologiste au Collège de France
Jacques Vauthier, professeur de mathématiques à l'université Sorbonne-Paris VI
Avner Ziv, professeur de psychologie, université de Tel-Aviv

Conseil de l'Europe
Père Gilbert Caffin, représentant permanent de l'OIEC
Jean Pierre Titz, secrétaire général du comité de l'Éducation
Michael Vorbeck, directeur de la division de l'Enseignement supérieur et de la Recherche, section de la Recherche

European Council for High Ability (ECHA)
Joan Freeman, présidente fondatrice, université du Middlesex, Grande-Bretagne
Franz Mönks, président honoraire, université de Nimègue, Pays-Bas
Willy Peters, vice-président
Javier Touron, président, université de Navarre, Espagne

Associations

AFEP – Association française pour les enfants précoces
13 bis, rue Albert-Joly, 78110 Le Vésinet
Tél. : 01 34 80 03 90 et 01 34 80 03 48
Fax : 01 30 53 68 20
E-mail : afep@afep.asso.fr
Site : http://www.afep.asso.fr

ECHA – European Council for High Ability (ONG auprès du Conseil de l'Europe)
Pr Javier Touron
Dept of Education
University of Navarra
31080 PAMPLONE – ESPAGNE
Adresse en France : 13 bis, rue Albert-Joly, 78110 Le Vésinet
Tél. : 01 34 80 03 90

ALTAIR
Les enfants découvrent des thèmes scientifiques très variés ; des séjours

de vacances et des week-ends sont organisés pour eux et encadrés par des animateurs scientifiques.
17, avenue Henri-Barbusse
BP 42
94 242 L'Haÿ-les-Roses Cedex
Tél. : 01 41 98 65 70
Fax : 01 47 40 80 44
Site : http://www.altair-sciences.com

JEUNES VOCATIONS artistiques, littéraires et scientifiques
Accueil des enfants le mercredi et le samedi
14 bis, rue Mouton-Duvernet, 75014 Paris
Tél. : 01 45 40 95 61

LES PETITS DÉBROUILLARDS
Dans toute la France
Antenne d'Ile-de-France : La Halle aux Cuirs, 2, rue de la Clôture, 75930 Paris Cedex 19
Tél. : 01 40 05 75 57
Fax : 01 40 05 79 21

MENSA – Association pour les surdoués adultes
20, rue Léonard-de-Vinci, 75116 PARIS
Tél. : 06 68 71 11 95
Site : http:// www.mensa-France.org

APEDYS – Association d'aide aux dyslexiques
48, rue Faidherbe, 59260 Lezernes
Tél. : 03 20 05 18 75

CORIDYS – Association d'aide aux dyslexiques
44, rue Poussin, 75016 Paris
Tél. : 01 40 71 62 03

Bibliographie

Les précoces, les surdoués

Adda Arielle, *Le Livre de l'enfant doué*, Solar, Paris,1999.
Chauvin Rémy, *Les Surdoués*, Stock/Laurence Pernoud, 1975.
Clarke Robert, *Super-cerveaux : des surdoués aux génies*, P.U.F., 2001.
Gardner Howard, *Les Intelligences multiples*, Retz, 1993.
Grubar Jean-Claude, Duyme Michel, Côte Sophie *et al.*, *La Précocité intellectuelle : de la mythologie à la génétique*, Mardaga, Sprimont, Belgique, 1997.
Miller Alice, *Le Drame de l'avenir de l'enfant doué*, P.U.F., 1996.
Terrassier Jean-Charles, *Les Enfants surdoués ou la précocité embarrassante*, ESF, 1981.
Terrassier Jean-Charles et Gouillou Philippe, *Le Guide pratique de l'enfant surdoué*, ESF, 1998.
Winner Ellen, *Surdoués, mythes et réalités*, Aubier 1996.
Actes des colloques et congrès de l'AFEP, Sorbonne, 1996 ; palais du Luxembourg, 1998 ; Palais Bourbon, 2000, 2002 ; tous ces colloques, y compris ceux qui se sont tenus en province, sont édités par Créaxion (21, avenue des Puits – 78170 La Celle-Saint-Cloud).

Le cerveau

Dehaene Stanislas, *La Bosse des maths*, Odile Jacob, 1997.
Habib Michel, *Bases neurologiques des comportements*, Masson, 1997.
Kahn Axel, *Et l'homme dans tout ça ?*, Nil, 2001.
Rossi Jean-Pierre, *L'Approche expérimentale en psychologie*, Dunod, 1997.

Études et thèses

Dufour Véronique, *Intelligence et adaptation : les enfants intellectuellement surdoués en situation d'inadaptation*, Presses universitaires du Septentrion, rue du Barreau, BP 199, 59654 Villeneuve-d'Ascq (tél. : 03 20 41 66 80).
Ferrand Michèle, Imbert Françoise, Marry Catherine, *L'Excellence scolaire : une affaire de famille*, Culture et Sociétés urbaines/IRESCO, 59/61, rue Pouchet, 75849 Paris Cedex 17, 1997.

Pour le plaisir de lire

Allègre Claude, *Toute vérité est bonne à dire*, Robert Laffont/Fayard, 2000.
Aubert Jean-Luc, *Intelligent mais peut mieux faire*, Albin Michel, 1999.
Closets François de, *Le Bonheur d'apprendre et comment on l'assassine*, Seuil, 1996.
Crozier Michel, *La Crise de l'intelligence*, InterÉditions, 1995.
Morel Guy, Tual-Loizeau Daniel, *Petit vocabulaire de la déroute scolaire*, Ramsay, 2000.
Pennac Daniel, *Messieurs les enfants*, Gallimard 1997.

Le vécu des enfants précoces

Abergel Micheline, Hostyn Huguette, *Q.I. êtes-vous ?*, Créaxion, 1991.
Gosselin Brigitte et Michel, *Surdoués et échec scolaire*, Sémaphore (128, rue de Belleville, 75020 Paris), 1999.

Les troubles d'acquisition du langage

Habib Michel, *Dyslexie, le cerveau singulier*, Solal, 1999.
Messerschmitt Paul, *La Dyslexie*, Flohic, 1993.

La pédagogie

Boscher M. et V., Chapron J., Carré M.-J., *La Journée des tout-petits*, Belin, 1984.
Delannoy Cécile, Passegand Jean-Claude, *L'intelligence peut-elle s'éduquer ?*, Hachette Éducation/CNDP, 1992.
Garanderie Antoine de la, *Pour une pédagogie de l'intelligence*, Bayard Éditions-Centurion, 1980 ; *Comprendre et imaginer*, Bayard, 1987 ; *Les Grands Projets de nos tout-petits*, Bayard, 2001.
Kemp Daniel, *Le Syndrome de l'enfant téflon*, Gordon France, 22, rue Royale, 75008 Paris, 1994.
Sofiyana Agnès, Taffanelli Charles, *Réussir au collège*, Créaxion, 2001.

L'Enfant précoce et l'écrit, AFEP, Creaxion, 2001.
Le Système éducatif français, CRDP de l'Académie de Créteil, 7 rue Roland-Martin, 94500 Champigny-sur-Marne.

Les tests

Guillevic Christian, Vautier Stéphane, *Diagnostic et tests psychologiques*, Nathan Université, 1998.
Jolivet Jean-Pierre, *Évaluer les capacités de son enfant, Tests de 18 mois à 7 ans*, ESF, 1996.

Remerciements

Merci à Mathilde Nobécourt, qui m'a aidée de ses précieux conseils.
Merci au Pr Antoine de la Garanderie pour la belle préface qu'il a bien voulu écrire pour ce livre.
Merci à mes amis le Pr Jean-Claude Grubar, Michel Duyme, le Dr Revol, qui m'ont guidée pour les parties scientifiques.
Merci à mes enfants Christine et Olivier par qui j'ai tant appris sur les enfants précoces.
Merci à Jean, mon mari, qui est toujours à mon côté pour m'encourager.

Table des matières

Préface	7
Avant-propos	11
L'entrée à l'école	14
La « sociabilisation »	17
La « sociabilisation » (suite)	22
La psychologue	26
Le dialogue de sourds	31
Le conseil de cycle	39
Le CP	44
L'exclusion	47
La régression	51
Re-psy	53
Demande d'un nouveau saut de classe	55
La gentille maîtresse	60
Les activités du mercredi	62
La fratrie	65
Encore les activités extrascolaires	70
Le copain	72
L'entrée au collège	74
L'auto-évaluation	78

La sixième	80
Le travail à la maison	82
La dramatisation	86
Re-re-psy – La dépression	90
Le conseil de classe	93
La sortie du tunnel	99
La rébellion et la psy pour la énième fois	102
La délocalisation	105
La passion et l'école parallèle	111
La rentrée dans une classe d'enfants précoces	114
Les concours	118
Le reportage télévisé	123
La fratrie a grandi	126
L'autonomie	132
L'entrée au lycée	134
Un cœur gros comme ça	136
Les associations	138
Les congrès et colloques	140
Ce que les parents ne doivent pas faire	143
Les médias	146
Le ministère	148
Lettre ouverte à Monsieur le Ministre de l'Éducation	154
Le poids des mots	157
Les chercheurs	161
Un créneau porteur	163
L'ennui	164
Quelques hommes célèbres et l'école	167
Conclusion	169
Ils ont dit	172
Index	173
Annexe	175
Bibliographie	179
Remerciements	183

DANS LA MÊME COLLECTION

Intelligent mais peut mieux faire
Jean-Luc Aubert
Quels repères donner à nos enfants dans un monde déboussolé ?
Jean-Luc Aubert
Du berceau à l'école – Les chemins de la réussite
Jean-Luc Aubert
Une autre école pour votre enfant – Les pédagogies différentes
A. Baudemont/L. Alcoba
Petits tracas et gros soucis de 1 à 7 ans – Quoi dire, quoi faire
Christine Brunet/Anne-Cécile Sarfati
Une famille ça s'invente – Les atouts des parents, les atouts des enfants
Hélène Brunschwig
Papa, Maman, laissez-moi le temps de rêver !
Etty Buzyn
Me débrouiller, oui, mais pas tout seul !
Etty Buzyn
La mort pour de faux et la mort pour de vrai
Dana Castro
Vos enfants ne sont pas des grandes personnes
Béatrice Copper-Royer
Adolescents à problèmes – Comprendre vos enfants pour les aider
Dr Patrick Delaroche
Doit-on céder aux adolescents ?
Dr Patrick Delaroche
Parents, osez dire non !
Dr Patrick Delaroche
Oser être mère au foyer
Marie-Pascale Delplancq-Nobécourt
Blessures d'enfance – Les dire, les comprendre, les dépasser
Nicole Fabre
La vérité sort de la bouche des enfants – Écoutons ce que nos enfants disent
Nicole Fabre
Amour, enfant, boulot... comment sortir la tête de l'eau
Anne Gatecel/Carole Renucci

Les mères qui travaillent sont-elles coupables ?
Sylviane Giampino
Il était une fois le bon Dieu, le Père Noël et les fées – L'enfant et la croyance
Dominique Gobert
Notre enfant d'abord – Du divorce à la médiation familiale
Muriel Laroque/Marie Théault
Papa, Maman, on m'a traité de gros
Élisabeth Lesne
Le chemin de l'adoption – Le cœur et la raison
Jean-François Mattei
Tu ne seras pas accro, mon fils ! – Peut-on éviter à nos enfants de devenir dépendants ?
Dr Jean-Claude Matysiak
L'enfant unique – Atouts et pièges
Carl E. Pickhardt
Papa, Maman, j'y arriverai jamais ! – Comment l'estime de soi vient à l'enfant
Emmanuelle Rigon
Pourquoi pleurent-ils ? – Comprendre le développement de l'enfant, de la naissance à 1 an
Hetty van de Rijt/Frans X. Plooij
Aidez-moi à trouver mes marques ! – Les repères du tout-petit
Michael Rohr
Toutes les questions que vous vous posez sur l'école maternelle
Nicole du Saussois
Aux risques de l'adolescence
Gérard Séverin
Nos enfants sont-ils heureux à la crèche ?
Anne Wagner/Jacqueline Tarkiel

« Les Guides du centre Tavistock »

Comprendre votre enfant de la naissance à 3 ans
Lisa Miller, Deborah Steiner et Susan Reid
Comprendre votre enfant de 3 à 6 ans
Judith Trowell, Lisa Miller et Lesley Holditch

Comprendre votre enfant de 6 à 9 ans
Deborah Steiner, Elsie Osborne et Lisa Miller

Comprendre votre enfant de 9 à 12 ans
Dora Lush, Jonathan Bradley et Eileen Orford

Comprendre votre enfant à l'adolescence
Margot Waddell, Jonathan Bradley, Hélène Dubinsky, Beta Copley et Gianna Williams

Comprendre votre enfant handicapé
Valerie Sinason

Conception graphique : Palimpseste

Cet ouvrage, composé
par I.G.S.- Charente Photogravure
à L'Isle-d'Espagnac,
a été achevé d'imprimer sur Roto-Page
par l'Imprimerie Floch à Mayenne,
pour les Éditions Albin Michel
en juillet 2002.

N° d'édition : 21011.
N° d'impression : 54753.
Dépôt légal : janvier 2002.
Imprimé en France.